FANTÁSTICA FÁBRICA DE uau

Caro(a) leitor(a),
Queremos saber sua opinião sobre nossos livros.
Após a leitura, siga-nos no **linkedin.com/company/editora-gente**,
no TikTok **@editoragente** e no Instagram **@editoragente**,
e visite-nos no site **www.editoragente.com.br**.
Cadastre-se e contribua com sugestões, criticas ou elogios.

MARCELO BRAGA

Prefácio de
LUIS JUSTO
(CEO do Rock in Rio)

Apresentação de
REYNALDO GAMA
(CEO da HSM)

FANTÁSTICA FÁBRICA DE UAU

Como transformar eventos em experiências memoráveis e multiplicar resultados

Diretora
Rosely Boschini

Gerente Editorial Sênior
Rosângela de Araujo Pinheiro Barbosa

Editora
Carolina Forin

Assistente Editorial
Camila Gabarrão

Produção Gráfica
Leandro Kulaif

Edição de conteúdo
Joyce Moysés
Iracy Paulina

Preparação
Eliana Moura Mattos

Capa
Pedro Scandiani

Adaptação e Montagem
Anderson Junqueira

Projeto Gráfico
Márcia Matos
Amanda Schauffert

Diagramação
Marcela Badolatto

Revisão
Wélida Muniz
Flavia Carrara

Ilustrações p. 43, p. 90, p. 91, p. 92, p. 94 e p. 159
Marcela Badolatto

Impressão
Plena Print

Copyright © 2025 by Marcelo Braga
Todos os direitos desta edição
são reservados à Editora Gente.
R. Dep. Lacerda Franco, 300 – Pinheiros
São Paulo, SP – CEP 05418-000
Telefone: (11) 3670-2500
Site: www.editoragente.com.br
E-mail: gente@editoragente.com.br

Dados Internacionais de Catalogação na Publicação (CIP)
Angélica Ilacqua CRB-8/7057

Braga, Marcelo
  Fantástica fábrica de UAU : como transformar eventos em experiências memoráveis e multiplicar resultados / Marcelo Braga. - São Paulo : Editora Gente, 2025.
    192 p.

ISBN 978-65-5544-552-7

1. Desenvolvimento profissional 2. Eventos 3. Marketing 4. Marca I. Título

24-4433   CDD 658.8

Índices para catálogo sistemático:
1. Desenvolvimento profissional

NOTA DA PUBLISHER

Quem nunca saiu de um evento com a sensação de que foi apenas mais um? Em meio à correria do dia a dia, vemos muitas iniciativas que, apesar do esforço, falham em encantar, em criar aquele momento inesquecível que faz com que as pessoas saiam de lá transformadas. O grande desafio está em como conectar emoção e propósito, como criar uma experiência que realmente marque a vida dos participantes. Nós, enquanto público, estamos sempre em busca de algo mais – um detalhe, uma surpresa, algo que nos faça dizer "UAU". Mas, infelizmente, esse "algo a mais" nem sempre acontece, e é frustrante.

É justamente essa lacuna que Marcelo Braga preenche. Em *Fantástica fábrica de UAU*, ele traz uma metodologia clara e acessível para transformar eventos comuns em experiências memoráveis, carregadas de emoção e propósito. Com sua vasta experiência no universo do *live marketing*, Marcelo nos mostra como qualquer profissional ou empresa pode ir além do óbvio e criar momentos verdadeiramente impactantes.

Ao longo desta leitura, você aprenderá a estruturar eventos com propósito, entender as emoções que engajam os participantes e, sobretudo, aplicar o método Fábrica de UAU, que promete entregar sempre mais do que o esperado. Marcelo, com sua vivência rica e apaixonada pelo que faz, é o guia perfeito para essa jornada, mostrando que, com criatividade, estratégia e dedicação, qualquer evento pode ser único.

Convido você a embarcar nesta leitura transformadora e descobrir como criar experiências mágicas que ficarão para sempre gravadas na memória do seu público.

ROSELY BOSCHINI
CEO e Publisher da Editora Gente

Dedico este livro, em especial, à minha esposa, Cris, e aos meus amados filhos, João Henrique e Daniel. Também aos meus familiares, os Ferreiras e os Bragas.

Ao time maravilhoso da Liga, vocês são muito especiais. Aos fornecedores que ajudam a entregar o UAU, e aos nossos clientes que acreditam e sonham junto com a gente em cada entrega.

Por fim, a todas as pessoas que passaram pela minha vida, que me ensinaram e deixaram, do seu jeito, da sua forma, o seu UAU comigo.

sumário

11 Prefácio
de Luis Justo

13 Apresentação
de Reynaldo Gama

20 Introdução
Abrindo para você a Fábrica de UAU

30 Capítulo 1
O desafio de criar eventos memoráveis

48 Capítulo 2
A emoção é a memória do coração

68 Capítulo 3
Por que tantos eventos fracassam

82 Capítulo 4
A criação de eventos pelo propósito e de propósito

98 Capítulo 5
Etapa 1: O briefing UAU!

124 Capítulo 6
Etapa 2: Da concepção ao desdobramento do conceito

152 Capítulo 7
Etapa 3: A materialização da experiência

176 Capítulo 8
A importância de criar laços duradouros e despertar emoções

186 Capítulo 9
Inspire o mundo com a sua história

PREFÁCIO

Se você está procurando um manual tradicional sobre como organizar eventos, sinto informar: este não é o livro. Na verdade, ele é para pessoas que, assim como eu, acreditam que um evento precisa ser uma jornada divertida e cheia de surpresas capazes de transformar o comum em algo memorável.

Marcelo não só vive de perto o universo dos eventos, mas sabe como ninguém que o sucesso de um evento não está apenas no planejamento impecável, mas na capacidade de mexer com emoções, de fazer as pessoas saírem impactadas pelo extraordinário. *Fantástica fábrica de UAU* é exatamente isso: uma fábrica de ideias, insights e histórias que mostram que, com um toque de criatividade e um bom propósito, você pode transformar qualquer momento em algo inesquecível.

Neste livro você vai encontrar dicas práticas, histórias hilárias, ensinamentos reais e, principalmente, uma nova maneira de pensar sobre como engajar o público. De um simples lápis como presente na maternidade a capas de chuvas coloridas distribuídas em um evento chuvoso, Marcelo demonstra que, com criatividade, adaptação e foco no emocional, é possível construir algo grandioso. O segredo está em surpreender, em fazer o que ninguém espera, transformar até mesmo um imprevisto em algo de que as pessoas vão se lembrar com um sorriso no rosto. Marcelo sabe que o segredo de um grande evento está nos detalhes, nos pequenos momentos cheios de significado que fazem tudo valer a pena.

Prepare-se para uma leitura leve, cheia de risadas e que vai fazer você olhar para o mundo dos eventos de uma maneira completamente diferente. Ah, e se você acha que já sabe tudo sobre criar experiências impactantes, eu o desafio a não soltar um "UAU" em algum momento desta leitura.

É um privilégio poder abrir as portas dessa fábrica do Marcelo para vocês! Preparem-se para aprender a transformar eventos comuns em algo tão incrível que faria até o Willy Wonka morrer de inveja.

LUIS JUSTO
CEO da Rock World, palestrante e autor best-seller

APRESENTAÇÃO

"As pessoas vão esquecer o que você disse, vão esquecer o que você fez, mas nunca esquecerão como você as fez sentir."[1] Esta frase icônica da poetisa norte-americana Maya Angelou é o coração de *Fantástica fábrica de UAU*: a criação de eventos que não apenas informam e entretêm, mas que também tocam as pessoas e deixam um legado emocional duradouro nelas.

Nesta obra, Marcelo Braga desafia organizadores de eventos a pensar além da logística e do planejamento, propondo o poder da emoção e da experiência como elementos centrais. Cada evento é uma oportunidade para encantar, envolver e despertar admiração, uma chance de transformar encontros em experiências que serão lembradas pela intensidade com que ressoaram no coração dos participantes.

Marcelo Braga é um dos grandes nomes do *live marketing* no Brasil, com décadas de prática e uma abordagem pragmática e ao mesmo tempo apaixonada para transformar eventos comuns em experiências extraordinárias. Aqui, ele compartilha uma metodologia cuidadosamente construída, fundamentada no propósito e na emoção,

---

[1] ANGELOU, M. *In*: PENSADOR. Disponível em: https://www.pensador.com/frase/MTgyNTUyMw/. Acesso em: 5 nov. 2024

que se desenvolve por meio dos três pilares de todo evento de sucesso: conteúdo, relacionamento e experiência, com um processo que começa no briefing e culmina em uma entrega completa, projetada para surpreender e encantar. Fica claro nesta obra que, para um evento ser memorável, é fundamental entender não só o que fazer, mas também o porquê. A diferença entre sucesso e indiferença está justamente no "porquê", que traz o propósito, gera a conexão e ativa as emoções. Isso se aplica não só à área de eventos, mas a qualquer negócio: muitos focam apenas no "o que" e no "como" e esquecem que é no "porquê" que reside a verdadeira força de transformação e o engajamento emocional.

Em tempos de interações cada vez mais fugazes, como diz Herbert A. Simon: "Não temos uma escassez de informação, mas sim de atenção."[2] Marcelo nos ensina que, para capturar a atenção das pessoas, é necessário criar um evento que envolva e encante. O contexto acelerado em que vivemos deixa pouco espaço para a contemplação e a conexão verdadeira, e a abordagem proposta nesta obra ganha ainda mais relevância neste cenário. A experiência "awe", conceito popularizado por Jason Silva, descreve o sentimento de admiração, espanto e inspiração que sentimos quando confrontados com algo maior. É exatamente esse tipo de experiência que Marcelo defende: eventos são capazes de nos reconectar com a profundidade emocional, tirando-nos da rotina e proporcionando momentos de reflexão, de conexão humana e de autodescoberta.

Em 2019, ano em que assumi como CEO da HSM – uma empresa de educação corporativa pioneira em grandes eventos de gestão, inovação e liderança no Brasil –, aprendi que a diferenciação de

---

2 SIMON, H. A. Designing organizations for an information - rich world. **Carnegie-Mellon University**, 1 set. 1969. Disponível em: https://zeus.zeit.de/2007/39/simon.pdf. Acesso em: 13 nov. 2024.

um evento não está somente na operação, na logística ou no conteúdo isoladamente. O encantamento mora no sutil, nos detalhes que, de maneira quase imperceptível, criam uma narrativa coesa, dando a sensação de que tudo sempre esteve ali, coordenado e harmonioso. Muitos clientes comentam no encerramento dos eventos: "Que coincidência!". Seja pela sinergia entre palestrantes, seja por encontros inesperados entre participantes, esses detalhes trazem a sensação de que foram orquestrados pelo destino. No entanto, esses momentos são frutos de um trabalho profundo, que requer visão sistêmica e cuidado com cada elemento da experiência.

Construir esse efeito de "coincidência" é um desafio. O caminho mais fácil é entregar apenas o que o cliente pede; o encantamento, porém, reside em antecipar o que ele quer e ainda não sabe. Eventos são como uma narrativa cuidadosamente roteirizada, onde o esperado é apenas o ponto de partida para surpresas que quebram expectativas. Em eventos de gestão, por exemplo, muitas vezes são esperados palestrantes tradicionais: um autor renomado ou um executivo com vasta experiência. Mas o inesperado, o que causa impacto, é o "outsider" – o atleta, o artista, o chefe de cozinha, o filósofo ou o instrutor de meditação. A presença de um outsider permite que os participantes façam conexões significativas e inesperadas, com os outros e com eles próprios, ampliando seu repertório e provocando novas reflexões.

Na HSM, a busca por novas formas de provocar insights e aprendizados sempre nos impulsionou a criar eventos que vão além do tradicional. Há alguns anos, investimos no conceito de "edutainment", a união entre educação e entretenimento. Acreditamos que existem inúmeras maneiras de aprender e que adquirir um novo conhecimento não precisa ser uma experiência tediosa. Pode, sim, ser leve, envolvente e, ao mesmo tempo, profundamente embasada.

Foi com essa mentalidade que nos unimos a marcas icônicas como Rock in Rio e GP São Paulo, criando, respectivamente, o Rock in Rio Academy by HSM e o GP São Paulo Academy. Em ambos os formatos, oferecemos ao público a oportunidade de aprender ao vivo com os cases desses grandes eventos, explorando diretamente com quem faz tudo acontecer. Há três ingredientes essenciais para o sucesso dessa receita de aprendizado:

1. A garantia de uma experiência única ao vivenciar os bastidores e o próprio local onde o evento acontece;
2. O contato direto com as pessoas que realmente trazem a magia à vida;
3. A conexão não óbvia entre gestão e cases inusitados, criando um aprendizado profundo e inspirador.

Explorar todas essas formas criativas de reunir pessoas e construir conhecimento coletivo é algo poderoso. Antes de trabalhar na HSM, talvez eu não afirmasse isso, mas hoje, com certeza, posso dar uma dica: todo mundo deveria organizar um evento pelo menos uma vez na vida. A experiência desenvolve habilidades e competências essenciais, e aqui listo pelo menos dez delas:

1. Visão sistêmica e compreensão da interdependência;
2. Exercício da escuta ativa (por meio de um briefing bem conduzido);
3. Habilidade de negociação e construção de parcerias;
4. Gestão de projetos;
5. *Storytelling*;
6. Criatividade;
7. Agilidade;

8. Capacidade de execução (acompanhar um processo do início ao fim);
9. Saber lidar com o imprevisível;
10. Comunicação clara e trabalho em equipe.

A complexidade de um evento, aliada ao entendimento prático de que ninguém cria algo grandioso sozinho, exige o domínio de muitas áreas e habilidades. Organizar um evento é uma experiência de transformação e realização, que poucas outras profissões conseguem oferecer.

O método de Marcelo Braga nos ensina a aplicar essa força transformadora no planejamento de eventos UAU, aqueles que vão além do previsível, que trazem uma experiência não linear e surpreendem com detalhes sutis e bem elaborados, criando uma história envolvente e inesquecível. Ele compartilha, com uma visão humanista e apaixonada, experiências reais, dicas práticas e os segredos para a criação de eventos que transcendem o comum. Desde a construção de um briefing sólido até o cuidado com elementos surpresa, Marcelo nos lembra de que um evento é mais do que uma reunião de pessoas, é uma chance de criar memórias e conectar pessoas a ideias e propósitos com significado.

A emoção é o centro da experiência e, ao transformar cada interação em um momento cheio de propósito, o organizador de eventos tem a oportunidade de criar uma memória duradoura para os participantes. Em *Fantástica fábrica de UAU*, Marcelo nos conduz por cada fase do processo de criação e execução de eventos, oferecendo um guia que vai desde a concepção até a realização. Acima de tudo, compreendemos como o impacto emocional é capaz de criar vínculos profundos e memoráveis, elevando eventos a algo maior: uma plataforma de conexão humana e transformação.

Em um mundo onde experiências triviais são rapidamente esquecidas, um evento pode ser o espaço para criar o que chamamos na HSM de "momentos de convergência" – aqueles em que ideias, pessoas e emoções se encontram em perfeita harmonia, criando uma experiência que transcende o momento presente. Este livro é um convite para que todos – organizadores, executivos e participantes – explorem novas maneiras de construir encontros únicos, que respeitem o potencial de transformação humana.

Acredito que todos os que trabalham com eventos encontrarão, neste livro, uma inspiração para repensar o impacto e o propósito de suas criações. Marcelo Braga entrega uma verdadeira filosofia de trabalho, em que cada detalhe, desde o alinhamento com o propósito até a execução final, é pensado para proporcionar uma experiência completa. *Fantástica fábrica de UAU* nos lembra de que o sucesso está na capacidade de envolver o público de maneira genuína e de criar ambientes que possibilitem a criação de laços duradouros.

Desejo que você, leitor, tenha este livro como um guia essencial, que vai lhe permitir entender o mundo dos eventos sob uma perspectiva mais profunda: de que a emoção e o impacto humano são os elementos centrais. Que, assim como com Marcelo, sua carreira, seus processos e seus projetos sejam guiados por uma paixão inabalável pela transformação e pela capacidade de encantar.

Fantástica fábrica de UAU é um convite à excelência, um chamado para que todos nós elevemos nossos próprios níveis e não nos contentemos com o comum. Cada evento e cada encontro é uma oportunidade de criar legados e memórias que toquem o coração e que, como Maya Angelou tão bem expressou, "jamais serão esquecidos".

REYNALDO GAMA
CEO da HSM e da SingularityU Brazil

Quando o UAU se torna a bússola, você descobre um mundo em que as possibilidades são infinitas e o impossível se torna um aliado na busca constante pela excelência.

FANTÁSTICA FÁBRICA DE UAU
@bragamkt

INTRODUÇÃO
Abrindo para você a Fábrica de UAU

É muito bom promover diálogos por meio de mensagens poderosas. Quer um exemplo – simples, mas importante – da minha vida que resume bem isso? Vou contar a história da lembrancinha que fiz quando nasceu o meu primeiro filho. Queríamos algo que marcasse aquele grande acontecimento e impactasse as pessoas. Só que faltava dinheiro. Teria que ser alguma coisa que custasse no máximo 2 reais a unidade, mas que fosse memorável. Eu precisava – e queria – entregar algo diferente. Por quê? Sou publicitário e, a vida inteira, sempre quis surpreender as pessoas. É até engraçado, porque elas esperam isso de mim quando se encontram comigo.

Tive a ideia, então, de fazer um lápis, caprichando na mensagem que o acompanharia. Na ponta dele, vinha a palavra "tentativa"; na borracha, "acerto"; e na tag presa a ele vinha o texto: "A vida é feita de tentativas e acertos. Conto com você para escrever a minha história". Nossa verba era limitada, mas não para a minha criação. Um lápis serve para escrever histórias, concorda? Na ponta, com o grafite, está a tentativa. Quando você escreve, está tentando. Já a borracha favorece os aprendizados que levam aos acertos.

Assim, aquele lápis foi ganhando um sentido mágico, de que a vida (tanto a do meu filho, que só estava começando, como a de todos nós) é feita de tentativas e acertos. As tentativas levam a acertos. Aquele lápis deixou de ser algo simples e ganhou outra função tão relevante quanto a original, mas com valor intangível, imaterial. E tudo que se torna intangível e ativa o lado da emoção se torna memorável. Pensei: *É isso que eu quero alcançar com tudo o que eu fizer.*

Avaliando a minha trajetória até aqui, percebo que essa vontade de buscar o mágico, o memorável, me acompanhou constantemente – com o auxílio da própria vida, que sempre foi gentil e generosa comigo. E digo isso porque ela sempre me colocou em bons caminhos e com pessoas de coração bom, que me ajudaram a tomar as decisões certas nos momentos certos. Foram decisões conectadas ao meu otimismo e à minha vontade incessante de crescer e de ser efetivamente alguém que transforma a realidade para melhor. Isso tudo me fez ser quem eu sou.

Eu venho de uma família que tinha poucos recursos financeiros. A minha mãe estudou até a quarta série primária e era "do lar". O meu pai completou o ensino médio e sempre foi funcionário público. Ambos são naturais de Carangola (MG). Foi lá que eu nasci, no interiorzão de Minas Gerais, a 357 quilômetros de Belo Horizonte. Sou o caçula, a raspinha de tacho, como dizia carinhosamente a minha mãe, que me teve aos 43 anos, algo que era fora do comum naquela época. Tenho uma irmã e um irmão que são quase dezoito e nove anos mais velhos do que eu, respectivamente.

Tive sorte de nascer em uma família afetuosa, que me deu bons conselhos. O meu irmão Armênio foi um dos muitos anjos da guarda na Terra que apareceram nos momentos cruciais de virada de chave na minha vida. Ele já morava em Vitória quando eu tinha 14 anos, e me aconselhou a fazer o mesmo, em busca de possibilidades e oportunidades de estudo para vencer na vida. Mesmo sendo tão jovem, fui morar em uma espécie de república com o meu amado irmão e sobrinho Paulinho, seis meses mais velho que eu. Vim para estudar nessa capital tão promissora. Levei na bagagem uma boa base afetiva e emocional, dada pelos meus pais, para me virar sozinho em uma grande cidade, com o mínimo de dinheiro que eles podiam me prover e sem cair em tentações que me desviassem da rota. Também tive um grande suporte da minha irmã mais velha, a Shirlinha, que também morava em Vitória, porém não com a gente. Sou muito grato a todos.

Foi em Vitória que comecei a dar boas guinadas na vida. Em 2001, conheci Cristina, minha esposa, uma companheira única e maravilhosa, advogada como o pai. Eu tinha 22 anos, já trabalhava com eventos e cursava Publicidade na Universidade Federal do Espírito Santo (Ufes). Vinte e três anos depois, temos dois filhos, o João Henrique e o Daniel.

A visão estruturada de empreendedorismo e de construção de carreira foi muito alicerçada pela família que ganhei da minha esposa. O meu sogro tem um escritório de advocacia de renome no Espírito Santo. A minha sogra é pediatra e, além de ter sido servidora pública, inevitavelmente tornou-se uma profissional liberal com o seu consultório particular e ainda tinha que se virar entre os plantões e a educação dos filhos. Os dois sempre me incentivaram a ter o meu próprio negócio e a investir nos meus sonhos. Eles viam em mim um homem determinado e apaixonado pela minha profissão, e isso faz muita diferença. As boas conversas sobre empreender que ocorriam nos almoços de domingo, nos passeios e nos churrascos da família me deram a energia necessária para encarar esse desafio e realizar os meus sonhos de promover eventos que transformassem a vida e os negócios das pessoas.

Tenho, também, a Tia Dora e o Roberto, dois anjos da guarda que considero meus segundos pais. Nos momentos mais difíceis e nos mais alegres eles estão ali, como uma fortaleza, sempre de braços abertos para nós, em especial aos meus filhos.

É preciso ter um diferencial

Comecei a construir o meu nome na área de *live marketing* em 2006, com a abertura da minha primeira empresa, a Camisa Dez. Após três anos, eu a vendi para meu antigo sócio e criei a Liga de Marketing com a minha sócia na época, que, infelizmente, acabou saindo do negócio em 2015. Em quinze anos, a Liga se tornou a principal empresa de eventos corporativos para grandes empresas do Espírito Santo, conhecida por proporcionar experiências memoráveis. **Muito desse sucesso tem a ver com quatro elementos da Liga que se complementam: união, energia, sinergia e contato.**

Tivemos uma fase muito difícil em 2020, com o início da pandemia de covid-19, que contarei com mais detalhes adiante. O que importa neste momento é registrar que as várias dificuldades enfrentadas no universo das interações ao vivo com pessoas me fizeram enxergar que precisávamos mostrar ao mercado um grande diferencial. Não dava para continuar realizando eventos como antes. Assim, parti para sistematizar tudo o que eu já criava empiricamente por ser um apaixonado por gerar experiências positivas a variados públicos. Esse processo me ajudou a ressaltar o tão desejado "fazer diferente" que todos nós procuramos.

Àquela altura, eu havia desenvolvido meus conhecimentos com um Master of Business Administration (MBA) em Marketing pela Fundação Getulio Vargas (FGV) – um sonho muito batalhado, por ser caro para mim na ocasião – e era professor de Live Marketing na pós-graduação da Universidade de Vila Velha (UVV). Nas minhas pesquisas, notei que não havia literatura sobre a realização de eventos com estratégia, tampouco métodos comprovadamente eficientes nessa área. Apenas livros de eventos protocolares e cerimoniais formais, seguindo normas do Itamaraty. Foi mais um excelente motivo para materializar uma metodologia própria de criação de eventos.

Assim nasceu a Fábrica de UAU da Liga, com o objetivo de realizar experiências realmente memoráveis, mágicas. Quando a pandemia começou a ser controlada e as atividades foram pouco a pouco retomadas, começamos a aplicar o nosso método, e os resultados apareceram. Entre setembro e dezembro de 2021, faturamos 20% a mais do que em 2019 inteiro. Em 2022, o aumento foi de 400%! E o nosso crescimento seguiu firme nos anos seguintes. Então, só tenho motivos para agradecer.

Sou tão grato por muitos momentos UAU que a vida me deu até aqui, que desejo retribuir ao escrever este livro. Por que não partilhar o que aprendi para que mais e mais pessoas também tenham momentos UAU? Posso dizer com tranquilidade que o meu propósito de vida é ser um vetor do bem. Não permito que ninguém passe por mim sem que se sinta melhor – tanto pessoal como profissionalmente.

Voltando à história do lápis que contei no início, podemos fazer um paralelo com situações do dia a dia pelas quais todos nós passamos com os nossos clientes. Muitas vezes, não temos as verbas necessárias e precisamos usar outros artifícios: criatividade e emoção. A partir dessa grande ação da lembrancinha, que passou longe do óbvio embrulhinho cheiroso e do tradicional sabonetinho, nunca mais criei algo que não tivesse um propósito muito bem definido.

Por que ser mais um que faz sempre tudo igual se posso ser único, criando algo customizável para determinada realidade? Eu era o pai que não tinha muito recurso financeiro, mas mesmo assim queria agradar a todos que visitaram o João Henrique logo após o nascimento dele. Mais do que isso, eu queria surpreender as pessoas. Essa é também a essência que estou colocando neste livro, porque **eu desejo que você comece a escrever uma história única. Vá além do que todo mundo faz. Deixe de propor coisas com base em copiar e colar. Seja único.**

Em vez de simplesmente fazer o que sempre foi feito, você precisa entender **o porquê** de estar sendo feito, dando um propósito. Assim, torna tudo diferente, talvez até mágico. Quando você compreende profundamente a razão de existir daquilo e entende que cada momento é único, pode aplicar isso no dia a dia dos eventos, das ações de marketing e de comunicação, dos negócios e da família. Por quê? Porque deixa de fazer algo "enlatado". Ao entender profundamente o desejo, a essência, as dores, tudo aquilo que quer ser dito por meio daquela mensagem, daquela ação, daquele evento, daquela função, você começa a criar experiências que são verdadeiramente UAU.

Em busca da nota 11 – ~~bem melhor que a 10~~

Com o método Fábrica de UAU que vou partilhar nas próximas páginas, você vai começar a colocar magia nos eventos que produz:

Fantástica fábrica de UAU

do mais simples, para poucas pessoas, aos mais ambiciosos, para um público-alvo **bem** maior. Profissionais de diversas áreas poderão aplicar o passo a passo que compartilharei neste livro, e não apenas aqueles que atuam na área de eventos, como:

* Empresários e executivos que precisam se comunicar com clientes, fornecedores e parceiros em eventos que os encantem e/ou engajem;
* Estudantes, professores, pesquisadores que querem elevar conhecimentos e técnicas de *live marketing*;
* Profissionais de inúmeras áreas que lidam muito com relacionamento interpessoal, como recursos humanos, relações públicas, vendas e turismo;
* Pessoas que são as festeiras da família e estão sempre empenhadas em reunir e fortalecer os laços afetivos.

Normalmente, quem é do ramo usa a pesquisa Net Promoter Score (NPS) para avaliar a satisfação do cliente, sendo 10 a nota máxima. Para tenha uma ideia do conteúdo do método, saiba que, aqui, vou propor que você vá além e conquiste a nota 11, que é a pontuação do UAU, com esse "algo a mais" que vamos desenvolver juntos. Depois que você percorrer os capítulos que explicam muito bem esse conceito, **entenderá profundamente que nenhum evento é igual ao outro e não vai querer reproduzir, de jeito nenhum, o que todo mundo já faz**.

Você quer entregar o "algo a mais"? Torce para ouvir "Como é gostoso participar desse evento com vocês!" e "Vocês foram muito além do que foi pedido"? O mais incrível é que esse UAU pode estar nos pequenos gestos. Sabe aquele detalhezinho do detalhezinho, que faz uma diferença enorme no todo? Fique à vontade para se inspirar nos *cases* que contarei e criar os seus.

A magia ao seu alcance

Eu amo tanto a palavra "magia", que busco colocar UAU na minha rotina utilizando cores, porque, para mim, elas são mágicas! Por que usar camisa sempre preta ou branca se há no mundo outras cores com muito mais personalidade? Quero contagiar você com esse desejo de sair dos padrões e do "mais ou menos" nas experiências que você proporcionar na sua vida, na sua empresa, na sua entrega. Dá, sim, para adicionar magia em cada ponto de contato dos seus relacionamentos e na sua percepção de mundo.

Abrirei a minha Fábrica de UAU para você nos próximos capítulos. Quero mostrar os desafios e as dificuldades de "sair da caixa" na hora de criar um evento. Quero que você entenda que o sucesso de um evento está intimamente ligado ao fato de ele ser realizado pelo propósito e de propósito, e que todas as pessoas são capazes de fazer isso, bastando que desenvolvam a metodologia UAU em três etapas:

1. Briefing bem-feito;
2. Concepção e desdobramento do conceito;
3. Materialização de tudo o que foi preparado, para que realmente seja uma experiência memorável, sempre entregando mais do que o combinado.

Dá frio na barriga? Sim. Mas acredite em mim: **com o conceito e a jornada definidos, o desenvolvimento das experiências se torna bem mais fácil.** Prepare-se para encantar mais e mais pessoas de maneiras surpreendentes, inesquecíveis, que emocionam.

O treino leva à excelência; então, se você colocar amor em cada etapa, em cada ideia, em cada gesto, com certeza impactará amigos, clientes e familiares para sempre. Eu acredito muito que tudo ao redor está precisando de mais UAAAAU.

Há um grande personagem do cinema que eu adoro e faz isso o tempo todo. É um mestre em transformar o comum em extraordinário. Conhece Willy Wonka? Ele é um inspirador empreendedor chocolateiro, que também se apresenta como mágico e inventor. Para isso, segue à risca o conselho que recebeu da mãe, que é mais ou menos assim: "Tudo que é bom no mundo começou com um sonho". Ele não desiste de criar experiências que vidrem as pessoas no chocolate que ele produz, que é único, porque cada pessoa tem um desejo específico. Assim deveriam ser todos os eventos, pois cada um é único.

Pensando assim, cada projeto é único, cada momento é único e cada entrega que você criar deve ser única. A magia está ao seu alcance. Se alguém algum dia disser que é proibido sonhar acordado, não aceite. Faça como Wonka, que sempre quer mudar o olhar de quem está ao redor, e impressione, empolgue, convença e conquiste fãs.

Venha comigo, porque nós vamos fazer isso por nós e pelos outros, como uma bela contribuição para um mundo melhor. A sua companhia é mais do que bem-vinda. Desejo que você tenha uma experiência memorável com esta leitura.

capítulo 1

O desafio de criar eventos memoráveis

Todos nós queremos promover e entregar experiências UAU. Queremos colocar magia e encantamento nas jornadas que preparamos: das entregas mais simples, como um evento de aniversário, a outras bem maiores, como uma convenção anual de uma empresa ou uma feira de negócios aberta a todo o mercado. Entretanto, não são poucas as vezes em que o resultado passa longe, bem longe daquilo que imaginamos. Na maioria delas, infelizmente, existe uma enorme distância entre as expectativas da grande experiência que sonhamos provocar nas pessoas e o que, de fato, acontece.

Conheço muito bem esse terreno. Já vivenciei todas as fases de um evento, desempenhando as mais variadas funções, de acordo com a necessidade do momento: de carregador, recepcionista, encarregado de limpeza, apoio e segurança a diretor de arte e mestre de cerimônia. Hoje atuo como gestor e praticante vivo de experiências UAU! Já abri eventos (e não foram poucos) pingando de suor, mas sempre com um sorriso no rosto. **E sei que, horas antes de um evento se iniciar, mesmo quando tudo está 100% organizado e certo, ainda temos**

que lidar com a ansiedade e a tensão em relação a algo que possa estar faltando.

Realmente são inúmeros os desafios e as dores que enfrentamos para entregar o evento dos sonhos, e destacarei os principais deles a seguir. Ainda assim, posso garantir que é totalmente possível – e está ao seu alcance! – realizar projetos memoráveis. O essencial você e eu já temos: o desejo de fazer eventos que podem transformar a vida das pessoas, pois a nossa capacidade de "sair da caixa", de dizer "não" ao que todo mundo já faz e de realizar sonhos é muito grande. Você pode até duvidar disso agora, mas tenha certeza de que essas habilidades estão bem aí, dentro de você. Basta saber como acessá-las, e eu vou ensinar isso em detalhes.

Em mais de duas décadas de carreira, já realizei bem mais de 2 mil eventos, de todos os tipos: entretenimento, social, esportivo, técnico-científico e corporativo. Somente na Liga de Marketing somei mais de 1800 eventos nos primeiros quinze anos, fazendo mais de dez por mês com frequência. Se definirmos uma média de cinco dias para montagem, realização e desmontagem, chegamos a nove mil dias, em mais de setenta mil horas de produção, da graxa ao luxo. Dos erros aos aprendizados, do prejuízo aos resultados mais expressivos, do fracasso a muitas glórias. Por tudo isso, posso afirmar a você que eu amo o que faço. Eu amo surpreender!

Nada é mais prazeroso do que ouvir um "UAU" espontâneo, e é nesse ponto da nossa conversa que você deve estar querendo me perguntar: "Marcelo, por onde começar para criar um evento UAU? Como colocar todo o time de colaboradores e fornecedores na mesma sintonia? Será que sou capaz de sincronizar o conteúdo e a dinâmica da jornada para gerar bons relacionamentos? Quais são as experiências que, de fato, podem fazer as pessoas absorverem a mensagem que quero transmitir? O que, afinal, pode tornar cada evento uma experiência memorável?".

Será que tudo é experiência?!

Para responder a essa pergunta, quero começar com uma provocação.

Em uma definição rápida, evento é um acontecimento. Porém, precisamos ir além e entender o conceito por trás dessa palavra. O mesmo se passa com o termo "experiência", que anda muito na moda; fala-se em experiência para **tudo**, já reparou? Posso garantir que o significado é muito mais do que pode indicar a definição simples do verbete (ato ou efeito de experimentar). Só que, às vezes, nos enrolamos por não termos uma compreensão clara do conceito que dá corpo a essas duas palavras – e principalmente da magia que acontece quando conseguimos fazer uma conexão UAU entre elas. Quer ver?

Aprender a distinguir um evento comum de um evento com experiência é mais do que necessário. Para traduzir o que eu entendo de um evento tradicional, vou contar como iniciei o meu dia:

"Cara, você não sabe o que aconteceu comigo hoje mais cedo. Acordei, tomei banho. Em seguida, fiz o café da manhã e tomei. Vesti uma roupa e fui para o aeroporto de Vitória. Cheguei lá, fiz o check-in e embarquei. O avião saiu no horário. E cheguei a São Paulo."

Você ouve isso e pensa, desapontado: *E daí? Você está louco! Que história é essa? Por que está me contando isso? O que tem de mais?*

Nada de mais, não é? **Um evento convencional, tradicional, como outro qualquer, é assim: uma história sem curvas.** Não tem uma pequena lombada, um imprevisto, uma surpresa, uma emoção nem causa efeito na memória de quem ouve. Dali a segundos, você não se lembra de absolutamente nada do que contei.

Agora deixe-me contar esse mesmo evento de outro jeito:

"Cara, você não sabe o que aconteceu comigo hoje mais cedo. Eu achava que tinha colocado o relógio para me despertar, mas não fiz isso. Acordei atrasado, assustado, tive que fazer tudo correndo, dispensei o café e saí correndo para o aeroporto."

Muito provavelmente consegui despertar em você alguma curiosidade de saber se peguei o avião ou se perdi o voo. Prossigo:

"Cheguei ao aeroporto desesperado e... adivinha o que descobri? Eu tinha olhado o horário errado do voo. Era três horas depois!"

Percebeu a diferença? A primeira história não foge do padrão, é linear, sem emoção nem surpresa, ao contrário da segunda. Os eventos comuns geralmente são feitos por pura formalidade, de modo "enlatado", sem novidades. Já aqueles que fogem do que todo mundo espera viram uma experiência. **Uma experiência só acontece quando a gente tem a capacidade de tirar as pessoas do trilho normal dos acontecimentos e gerar emoção nelas**.

Um vídeo de uma apresentação do vilão Darth Vader (famoso personagem da saga cinematográfica *Star Wars*), que viralizou na internet, mostra bem isso. Era o dia do aniversário do *pop star* Michael Jackson. Então, no lugar da entrada normal que Darth Vader e a tropa de soldados dele (Stormtroopers) sempre faziam em um dos parques de Orlando (EUA), eles surgiram no palco dançando uma música do cantor.[1] A cena saiu completamente do script,

---

[1] DARTH Vader and Stormtroopers dance to Michael Jackson at Disney's Star Wars Weekends 2010. 21 maio 2010. Vídeo (1min.39s). Publicado pelo canal Inside the Magic. Disponível em: https://www.youtube.com/watch?v=C8ZvsFCxxCU. Acesso em: 15 set. 2024.

do imaginário do público. Quem a assistiu saiu de lá com uma boa história para contar.

É como eu sempre digo: viver uma experiência é ter a possibilidade de contar uma boa história para alguém. É um enredo que fica gravado e guardado na cabeça, entende? Só que esse é justamente um dos grandes desafios de qualquer evento. Já adianto que isso cabe em todos os eventos que gostaríamos que fossem marcantes. Até nos mais triviais. Não faltam histórias para ilustrar esse conceito.

Quer ver outra dessas boas histórias? Durante uma viagem de avião, estávamos em procedimento de pouso. Eu estava sentado no primeiro assento do corredor, e o passageiro ao meu lado, na poltrona da janela, quis filmar a descida do avião com o celular, então o colocou na janela. O comissário, que estava sentado à nossa frente, percebeu a cena e falou: "Cuidado, vai cair". Eu, imediatamente, emendei: "Rapaz, pelo amor de Deus, se tem uma coisa que você como comissário não pode dizer dentro de um avião, ainda mais numa descida, é que **vai cair**!". Todo mundo à nossa volta caiu na risada. É claro que o comissário se referia ao celular do passageiro, mas a minha intervenção automática e surpreendente gerou um evento fora da curva. Com certeza, muita gente que saiu daquele voo falou sobre isso com alguém. Principalmente o comissário, que, no voo seguinte, pôde falar do episódio curioso com os colegas: a minha brincadeira, a partir da fala dele, descontraiu vários passageiros no momento tenso de descida do avião.

É isto: a experiência geralmente está relacionada a uma história envolvente e ligada de maneira direta à capacidade de transporte das pessoas do racional para o emocional, provocando, dessa forma, a memorização de uma história, uma passagem ou um causo. Ali houve uma experiência; foi algo diferente e único em relação a outras centenas de voos, e isso fica marcado na memória das pessoas.

Pode ser bom, mas não se iluda

No início de 2023, fizemos o evento de sessenta anos para a CDL Vitória. Nesse caso, o desejo da CDL era mostrar que era uma entidade sólida e que estava se modernizando, não ficando parada no tempo. Eles gostariam de mostrar o lado inovador da empresa, evidenciando suas ações. Para isso, criamos o conceito *CDL Vitória 60 anos, dos 60 ao 6.0*. Por coincidência, dias depois da realização do evento da CDL, fomos convidados para criar algumas ações promocionais e um vídeo de abertura do evento dos 70 anos da Fecomércio-ES, uma concorrente. Por questões de investimento, foi nossa responsabilidade apenas a produção do vídeo de abertura e de um espaço instagramável de boas-vindas. Alguém mais apressado e acomodado pensaria: *Se fizemos "dos 60 aos 6.0" para outra entidade, a CDL Vitória, com sucesso, basta ajustarmos esse projeto para "dos 70 ao 7.0", correto?* Errado! E sabe por quê? Primeiro, porque eles estavam trabalhando o mote "O sistema que move o capixaba", criado pela agência da Fecomércio; segundo, porque os desejos e anseios deles eram evidenciar o legado da instituição. Por isso, derivamos do conceito dos 70 anos a temática "Tudo o que nos move", apresentando para os convidados, em vídeo, os legados e o propósito da entidade.

Muita gente cai na tentação de sair replicando a fórmula de um projeto bacana. Ilude-se ao achar que, se uma coisa deu certo, vale repetir sempre, pois vai ter o mesmo sucesso, e não vai. Por quê? Porque é como no exemplo dos dois eventos de aniversário das entidades que citei: por mais que tenham semelhança, cada uma tem o próprio objetivo. Cada projeto tem um propósito específico, por isso demanda que o conceito e as experiências também sejam únicos.

Sendo assim, é um problema não entender que cada evento tem uma necessidade específica. É como se fosse uma digital, o seu DNA. Digamos que você vai fazer uma ação de endomarketing (marketing institucional voltado para colaboradores) em uma grande empresa. Há setores diferentes, com demandas diferentes, com necessidades e desejos diferentes. Não é possível oferecer as mesmas soluções e realizar dinâmicas exatamente iguais às anteriores. E, mesmo que seja a preparação do seu casamento, você acredita mesmo que será memorável se apenas copiar e colar tudo igualzinho ao que alguém já fez antes? Se insistir nisso, prepare-se para se decepcionar com o resultado. Pode até ser que o pessoal ache engraçadinho, mas provavelmente não estará conectado ao que você quer que os convidados levem de memorável.

Do mesmo jeito, sempre igual, sem impacto

Na área de eventos, lidamos com uma coisa muito delicada e, ao mesmo tempo, poderosa, que é o "ao vivo". Para explicar, faço uma analogia com o *Big Brother Brasil*. Na minha avaliação, esse é, disparado, o maior e mais rentável projeto do Grupo Globo na atualidade. Sabe por quê? Além de ter pessoas de diversas partes do país, com personalidades diferentes, é um jogo que acontece ao vivo, transmitido para o mundo inteiro, em que você não sabe o que vai acontecer no próximo minuto. Mesmo quem não assiste a essa atração é impactado por falas e atitudes dos participantes da "casa mais vigiada do Brasil", que imediatamente repercutem em todo canto, viralizam na internet, viram memes e rendem comentários nas rodinhas de conversa da família ou do trabalho.

Com isso, mesmo indiretamente, quem não acompanha fica sabendo dos enredos, de quem são os favoritos e o vilão do momento, quem "tretou" com quem e quem engatou um romance. Tudo isso gera expectativas que mantêm o país ligado por cem longos dias, querendo saber mais do que vai rolar. **As coisas estarem acontecendo ao vivo e com histórias é algo que tem uma magia. O mesmo se dá com os esportes. Uma partida de futebol ou de basquete ao vivo tem um poder mágico por não sabermos qual será o resultado. Uma reprise desses mesmos jogos não tem a mesma audiência.**

Agora imagine já saber como vão terminar os filmes, os jogos, os livros, os cursos? Seria frustrante, não? Então, por que tem gente fazendo os mesmos eventos, do mesmo jeito, sempre igual, nos mesmos lugares e esperando que sejam atrativos? Os desafios de proporcionar um acontecimento fora da curva são muitos, mas o esforço vale a pena. Mesmo que o evento tenha as mesmas premissas, os mesmos subsídios, os mesmos atributos, há maneiras (que não podem ser desperdiçadas) de deixar o público ali, ao vivo, na expectativa do que virá em seguida, doido para dizer espontaneamente um sonoro "UAU!".

Do operacional ao estratégico: ansiedade e dúvidas

Entre o sonho de fazer um evento memorável e a real entrega existe ainda mais um desafio com o qual o realizador de eventos precisa lidar e que gera muita ansiedade e dúvidas. Estou falando da verdadeira revolução que aconteceu na área da comunicação nos últimos anos e que levou à necessidade de profissionalização e especialização da área. Antes, o produtor era só um organizador de eventos, realizador de uma atividade operacional. Com as mudanças e os investimentos cada vez maiores, ele foi subindo de patamar até assumir uma função estratégica em muitas ações de marketing. E é claro que a régua da eficiência nas entregas subiu junto.

Essa é uma história legal, que vale a pena recapitularmos juntos. Há pouco mais de duas décadas, o cenário era completamente diferente do que temos hoje nos meios de comunicação. Até o início do ano 2000, por exemplo, havia quatro grandes canais abertos de televisão que operavam no Brasil, além dos jornais impressos de grande circulação e das revistas semanais e mensais especializadas. Fazer um plano de mídia era muito menos complexo. Bastava investir o valor principal na Globo e pulverizar o restante da verba nos outros poucos veículos. O que sobrava desse investimento ia para as ações consideradas *below the line* (ou abaixo da linha), e era nelas que ficavam os gastos com eventos – por meio de patrocínios, por exemplo. Realizados dessa maneira, os eventos tinham um caráter operacional e de exposição de marca. Vivíamos na era da segmentação de mercado, e a concorrência era tão feroz como atualmente.

Entre 2000 e 2010, vivemos mais uma onda da revolução da comunicação, com a democratização dos computadores domésticos e o acesso mais facilitado à internet. Houve uma movimentação significativa no universo da televisão, com a entrada e a forte expansão da TV por assinatura no país. Em paralelo, tivemos o surgimento de redes sociais com o MSN e o Orkut. Mas a grande revolução veio quando, em 2007, Steve Jobs lançou o iPhone. Os smartphones trouxeram informações em tempo real, dando uma sacudida nos meios mais tradicionais de comunicação, como revistas e jornais impressos, levando-os a remodelar seus negócios tempos mais tarde.

Naquela fase, os eventos passaram a ter um papel mais relevante nas estratégias de comunicação, ganhando o enfoque de marketing promocional. Muito mais que saber **o que** fazer, era preciso pensar **como** fazer melhor, afinal tínhamos uma oferta bem maior de marcas no mercado, cada uma precisando se destacar mais em relação aos concorrentes e com um leque bem maior de mídias por meio das quais poderiam falar com os consumidores. Era o tempo do que chamamos de *microssegmentação*, quando se escolhem pequenos nichos de consumidores para impactar.

No começo da década de 2010, mais duas novidades agitaram esse cenário de novo. Em 2011, chegaram oficialmente os serviços de vídeo por streaming (conteúdo sob demanda), mudando comportamentos. Com isso, no mundo da televisão, não precisamos mais ficar esperando um horário específico para ver um desenho animado desejado no canal fechado do Cartoon Network, porque agora a Netflix permite escolher o que assistir – e sem propaganda! Não precisamos mais aguardar a hora em que a TV aberta ou fechada exibirá um filme. Se quisermos gastar o fim de semana maratonando uma série, o streaming está aí, basta que o acessemos.

A segunda novidade da década foi o advento e fortalecimento de redes sociais como Facebook, Instagram e YouTube. Nelas, cada pessoa se torna um canal próprio, um veículo de comunicação. O que quero dizer com isso? Para atingir essa pessoa que tem a informação na palma da mão, no celular, surge a necessidade de falar o que ela quer ouvir. Isso ficou fácil graças ao *big data* e ao algoritmo. Surgiu o que chamamos de *nanossegmentação*. Há grandes influenciadores de mercados, muito nichados, que conversam com um mundo específico de seguidores. Nesse cenário, para muitas marcas, não compensa fazer investimento de milhões de reais em anúncio apenas na Rede Globo, porque nesse canal você não consegue falar com tanta propriedade e com a intimidade de uma influenciadora especialista em design de unhas, por exemplo, que está muito mais ligada à área de beleza, com milhões de seguidores nas redes sociais.

Tudo isso nos trouxe até a terceira grande onda da revolução do mercado de eventos, que se deu por volta de 2010, quando a Associação de Marketing Promocional (Ampro) criou a terminologia *live marketing*. Na prática, é um segmento que engloba empresas que não apenas exercem um papel tático operacional, mas também têm olhar estratégico e pensam em eventos sob medida para as necessidades dos clientes.

Veio nesse contexto a valorização dos eventos ao vivo, ancorados em jornadas de experiência. As empresas perceberam que ligar esse tipo de experiência à própria marca, ao produto ou serviço que oferecem é um caminho prático e mais certeiro do que arriscar alto dando grandes tiros, com campanhas caras em mídias convencionais de massa. As mídias tradicionais, além de serem um alto investimento, atingem um público muito heterogêneo e sem a garantia de que estamos atingindo, de fato, quem precisamos que seja impactado. Já em eventos, apesar do custo por pessoa ser muito maior, você tem a possibilidade de convidar realmente quem é o seu público de interesse e, com isso, obter resultados muito mais expressivos por meio de várias ações de experiência que tornarão aquele acontecimento memorável.

Se você é uma empresa de medicamentos para osteoporose, por exemplo, é mais estratégico anunciar o seu produto na televisão ou patrocinar um congresso de ortopedia? O congresso, é claro! Nesse evento estarão cerca de 2 mil médicos. Se você fizer uma boa ativação da sua marca ali, promovendo um jantar, um momento de fala ou outra experiência interessante, esses especialistas vão olhar de modo diferente para o seu produto e a sua marca. Certo?

Todas essas mudanças foram, sem dúvida, boas para quem vivia de eventos. Porém, também tornaram tudo muito mais desafiador. Mesmo sendo uma ação mais acertada, os convites podem ser direcionados a 100% do público-alvo, com um investimento menor do que nas mídias tradicionais. Os eventos passaram a ter maior complexidade e, é claro, representar um investimento considerável: entre 500 reais e 2 mil reais por pessoa. Com esse custo, é preciso ser bem estratégico. Como convencer um cliente a gastar 2 mil reais por pessoa em um evento se você não for exatamente cirúrgico nessa entrega?

Agora não estamos mais falando **do que** fazer ou de **como** fazer. O nosso foco passou a ser **por que** fazer, ou seja, não podemos mais ter um evento meramente operacional, com aquela receita protocolar. Ele precisa impactar, provocar, deixar boas marcas para que os investimentos sejam justificados. Cada ação e cada passo da pessoa que queremos impactar na jornada desse evento precisam ser estratégicos e entregar o resultado almejado. Em outras palavras, os convidados precisam levar para casa tudo aquilo que você gostaria que eles pensassem da sua marca. Após o evento, espera-se que eles tenham atitudes em prol dessa marca.

A maluquice do "bom, barato e rápido"

Além dos desafios destacados até aqui, temos que lidar com o desejo de quem nos contrata: encurtar os fatores *tempo* e *dinheiro*. Tudo isso enquanto temos ótimas ideias que sugerem esticá-los dentro do investimento viável para ambos os lados. É fato que, na vida corrida que levamos, há uma falta de tempo crônica para quase tudo, e isso faz com que tenhamos demandas com prazos cada vez menores para a execução do evento dos sonhos.

Muitos departamentos de comunicação e marketing dos nossos clientes estão ficando mais enxutos, sem contar a diminuição da faixa de idade de quem está à frente desses setores, o que deixa, em alguns casos, os times menos seniores e mais plenos. Adicionalmente, os profissionais precisam absorver demandas mais latentes e imediatistas, recorrendo às empresas de *live marketing* para pensar estrategicamente nas soluções dos eventos.

Nesse sentido, uma questão é muito importante de ser levantada: o paradigma do bom, barato e rápido.

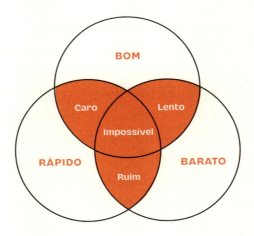

É praticamente impossível realizar uma entrega UAU se o projeto for criado e executado de modo rápido, bom e barato. É impossível ter as três coisas ao mesmo tempo. Por isso, lembre-se de que, se o cliente precisa de algo rápido e barato, corre o risco de não ser bom. Se ele deseja algo muito bom e barato, isso requer tempo. E, se ele deseja algo bom e rápido, não será barato.

Estamos falando de investimento, tempo e recursos. É muito mais comum as pessoas se enrolarem com esse equilíbrio do que se imagina. E é curioso que isso vale para todo tipo de projeto, não só para eventos. Quando a verba não é informada, quando não há clareza de qual é o investimento disponível, acaba-se fazendo dois projetos e perdendo ainda mais tempo e recursos. E aí o evento começa a entrar em risco.

Isso aconteceu comigo quando dois clientes, em um curto período, me passaram briefings sem me informar a verba disponível. Na ânsia de realizar os eventos, afinal eram clientes grandes, acabei seguindo em frente mesmo assim. Apresentei um projeto espetacular, imaginando que tinha liberdade para criar sem me preocupar com os custos, já que eles não tinham informado esse detalhe. Só que, do ponto de vista desses clientes, o que eu apresentei era completamente impossível de executar. Ambos disseram algo muito similar, mais ou menos assim: "Amamos o projeto, mas está muito fora da nossa realidade financeira! Não temos esse dinheiro todo para gastar". Eles nem me pediram uma segunda proposta, já fecharam com outra pessoa.

Analisando a questão do tempo, um projeto, para que seja bem executado e alcance o engajamento desejado, deveria ser preparado com ao menos seis meses de antecedência; os mais complexos exigem de um a dois anos de planejamento. Porém, muitas das demandas surgem com prazo de três meses, até um mês e meio antes de o evento acontecer. Na Liga de Marketing, a gente brinca que deixou de ser um evento e passou a ser uma gincana, que deixa todo mundo de cabelo em pé. Com isso, há pouquíssimo tempo entre criar um conceito, executar o projeto e fazê-lo funcionar para ter um resultado UAU.

Por que é necessário tanto tempo? Ora, no caminho de um realizador de eventos e experiências memoráveis há muito o que fazer para entender profundamente os reais motivos da realização do projeto, planejar, criar e executar, até fazer uma entrega perfeita. No meio do mar de informações em que vivemos, como extrair as essenciais para que o evento aconteça conforme o esperado? Por onde começar e como criar uma jornada desde o ponto inicial até o final? Como garantir que todos os envolvidos voltem para casa realmente satisfeitos, pensando *Ainda bem que eu vim!*? O que não faltam são detalhes, como os que trarei adiante, e tudo que não queremos é nos esquecer justamente daqueles que farão a diferença.

Todos nós somos capazes de surpreender,

principalmente a nós mesmos.

FANTÁSTICA FÁBRICA DE UAU
@bragamkt

capítulo 2

A emoção é a memória do coração

Vamos considerar o seguinte contexto: você desenhou um evento incrível! Escolheu o lugar, o que servir, quais seriam as atrações e o repertório. Só que, na ânsia de realizar, lançou o evento sem estratégia nem planejamento. Ainda assim, insistiu e acreditou. Divulgou o evento, foi para a linha de frente da operação. Porém, sentiu que as pessoas estão tendo dificuldade de assimilar o que vai ser esse evento.

Chega uma hora em que você não sabe se:

1. Recua na estrutura e na comida, já estando com tudo contratado;
2. Aumenta a aposta e gasta mais em divulgação.

Faltando cinco dias para o evento, você não consegue dormir, pois apenas 30% dos convidados confirmaram presença. O lugar escolhido será enorme para essa quantidade tão pequena de pessoas. O clima não bate, a energia não é a mesma com cadeiras sobrando. Se for um evento corporativo, ainda é preciso acalmar o cliente, que está superansioso.

Vendo todo o caos instaurado, você se pergunta: "Onde está o erro?". A banda contratada é boa. O lugar é adequado. Por que as pessoas ficaram sonolentas e mexendo no celular durante o treinamento? Tem mais gente tomando café e usando o banheiro do que na palestra. Por que as pessoas não compraram a sua ideia?

Eu mesmo já passei por situações como essa inúmeras vezes, seja como realizador, seja como convidado de eventos.

Essa adrenalina mexe com a gente

Mesmo com todos esses desafios que narrei, não me canso de dizer que amo realizar eventos UAU. Sabe por quê? Pela descarga de adrenalina que um evento UAU proporciona. E, acima de tudo, pelo poder de realizar o evento e, por meio dele, transformar vidas. Como é gostoso organizar algo que tem início, meio e fim! Viver a expectativa de um projeto que tem uma data de entrega é altamente estimulante. Não há prazer maior para quem faz um evento do que vê-lo acontecer.

Você certamente já vibrou com a satisfação de acompanhar tudo acontecendo ali na sua frente: as pessoas se divertindo, sorrindo, se conhecendo; aquela jornada que você planejou se transformando na vida dessas pessoas naquele momento e, principalmente, tocando o coração delas, plantando uma sementinha de memória. Nada é mais prazeroso do que perceber as experiências de uma jornada que você preparou com tanto amor e carinho atingindo o alvo e transformando as pessoas.

Tenho certeza de que essa adrenalina também mexe com você. Para o bem (quando tudo dá certo) e para o mal (quando é preciso lidar com as dificuldades e os problemas do percurso). Como falamos no capítulo anterior, o fato é que, entre o desejo e a realização, há um longo caminho a ser percorrido para que tudo saia acima das expectativas e a experiência seja memorável. Para que isso aconteça, não podemos perder de vista que só nos lembramos daquilo que sai da média, seja uma experiência positiva ou negativa.

O meio-termo não é memorável, pois não gera emoção. E aqui vou adiantar um segredo: o nosso cérebro guarda lembranças que nos emocionam. Somente assim é possível ativar a emoção, que é a memória do coração. Eu descobri isso cedo, por isso fui me aperfeiçoando, como detalharei neste capítulo para inspirar você a traçar um caminho mais emocionante – no melhor dos sentidos.

O primeiro evento, um fracasso!

A memória do coração me leva, por exemplo, para a minha adolescência, quando tive as minhas primeiras experiências com a comunicação e a realização de eventos. Ali nasceu esse Marcelo que adora ser reconhecido como o criador de eventos UAU. Eu era o festeiro da turma – sempre tem um, né?

Como já comentei, morava em uma cidadezinha do interior de Minas Gerais, chamada Carangola, que tinha dois clubes, duas escolas grandes, um time de futebol e um hospital. As minhas amizades eram as crianças e os adolescentes com quem eu convivia nesses lugares. Eu me relacionava com filhos de médicos, políticos, gerentes de banco e fazendeiros. Sempre tive facilidade de fazer amigos. Era um pouquinho popular, jogava bola como o titular do time, tocava na banda da escola... então tudo isso ia me promovendo e me colocava em um lugar de destaque.

Nasci em Carangola, afinal meus pais fizeram questão de que eu fosse mineiro. Mas, dos meus 3 meses aos 7 anos, moramos em Vitória. Quando voltei a morar em minha terral natal, o meu pai já era aposentado. Para não ficar parado, ele arrumou um trabalho na rádio local, na parte administrativa e financeira. Então, desde muito cedo, eu passava tempo lá. Também acompanhava o meu pai nos eventos promovidos pela rádio, quando havia participação de artistas. Naquela emissora, aprendi a mexer nos equipamentos, a usar discos de vinil para fazer as playlists das festas e a gravar músicas para os toca-fitas dos amigos. Lembro-me da primeira festinha que promovi com dois colegas e o meu sobrinho, que tinha a mesma idade que eu. Foi um fracasso. Eu estava com uns 12 anos. Não apareceu ninguém além dos quarto organizadores, você acredita?

Por que deu errado? Não articulamos as pessoas certas, não fizemos o convite da maneira adequada, não criamos uma magia para aquela festinha. São coisas que acabam, muitas vezes, comprometendo os eventos. O legal é que a gente consegue aprender com os erros. Com o passar do tempo, acabei acertando a mão e comandei muitas outras festinhas que deram certo, porque a parte do relacionamento, que é muito importante para quem trabalha na área, eu já tinha, então adicionava motivos e criava temáticas. Tudo isso foi determinante para a construção de experiências bem-sucedidas.

É o que sempre falo: o relacionamento e a conexão humana são componentes imprescindíveis para fazer a magia do UAU acontecer. E essa habilidade eu aprendi dentro de casa. Tenho certeza de que entre as grandes lições que recebi do meu pai e da minha mãe está a questão de me relacionar com todas as pessoas. O meu pai sempre teve um coração bom, humanitário, ajudava muito os outros. Ele convivia com todos os tipos de pessoas e tinha o carinho de todas elas. Era muito bacana de ver. E minha mãe era um doce de pessoa, com sua fala mansa e amorosa. Eu amava suas comidas. Ela tinha o dom da culinária, e com ele agradava a todos que nos visitavam. Era uma de suas formas de mais agradar. Preparava comidas maravilhosas, com muito capricho. Tinha uma frase que todos da minha família amavam, e ela a dizia quando acabava de tirar algo do forno: "Meu filho, tudo que eu faço para você fica ainda mais gostoso!". Era aquela comida mineira saborosa e farta, que ganhava o seu toque mágico, que era o seu amor sem fim. Fazia pães, rosca doce, biscoitos... – até hoje o meu filho mais novo é apaixonado pelo "biscoitinho preto da vovó".

Os meus pais sempre foram muito admirados por todos na comunidade, com toda a simplicidade que tinham. Era muito bacana ver quanto eles eram queridos, não importava aonde fossem. Acredito que vem daí a facilidade com que eu faço amizades e, acima de tudo, o meu olhar humano para as coisas, tanto na vida pessoal como na profissional. A minha determinação inabalável de ser uma pessoa boa tem grande influência desse exemplo que tive em casa, de tudo aquilo que vivi e que eles pregavam. Mesmo com tanta simplicidade, a minha mãe me deu ensinamentos valiosos na parte empresarial também, sobre como negociar, conversar, ser franco e vender exatamente aquilo que se está ofertando, além de ser correto e justo com as pessoas. E ter muito respeito ao próximo!

Foi graças ao meu pai também que decidi qual faculdade fazer. Conhecer o universo da rádio onde ele trabalhava me fez perceber que eu era um comunicador, uma pessoa que gostava de se relacionar. Então, pensei: *Quero fazer Comunicação e especialização em Publicidade.*

O brilho nos olhos

Essa base familiar foi fundamental para a grande virada na minha vida, que aconteceu quando me mudei para Vitória, aos 14 anos. No primeiro momento, tomei um choque. Ao chegar lá, eu era apenas mais uma pessoa do interior, "capiau", como alguns se referiam a mim na nova escola. Porém, graças à habilidade de me relacionar, fazer conexões e amizades com facilidade, logo fui me enturmando. E aqui faço um agradecimento especial a algumas pessoas muito queridas. A primeira, o anjinho da guarda que tive, a "tia" Cidinha, mãe de três grandes amigos por quem tenho muito carinho. Seu amor pelos amigos de seus filhos era agregador. Ela deixava a mesa do café sempre posta, e ao longo do dia comprava mais quarenta pães para toda a turma tomar café, todos os dias! E também a "tia" Gracinha ao Zé Lage, pais do meu grande amigo e irmão Túlio. Muitas vezes me davam o carinho de pai e mãe, nos momentos que nem eu sabia que precisava. E também minha irmã. Sempre quando queria comer algo diferente, ou até mesmo ter uma roupa mais bonitinha, ia até o centro da cidade em Vitória, onde morava, e ela me dava todo o carinho assistência. Lembro-me de alguns banhos de roupas da C&A que ela me dava.

Foi em um desses programas que me apaixonei pela realização de eventos UAU, o que me fez entender a minha vocação para a realização de eventos. Começou quando eu ganhei um ingresso para ir a uma micareta (como são chamados aqueles carnavais fora de época) em Vitória. O meu sonho era estar no bloco do Asa de Águia, do Durval Lelys, meu artista preferido. Só que o ingresso que me deram era para o quarto bloco, o menos concorrido. Fiquei muito feliz por ter ganhado, pois não teria condições de comprar. Mas não me acomodei, fui atrás do meu sonho. O que eu fiz? Ativei o meu espírito empreendedor, peguei o abadá que havia ganhado e o vendi, e comprei outro mais barato. E nesse compra e vende de uma tarde inteira, finalmente consegui o dinheiro para comprar o abadá com que eu tanto sonhava: o do bloco do Durval!

Pela primeira vez eu pude entrar no corredor da folia como folião de abadá. Foi aquele brilho nos olhos! Imagine um camarote gigantesco, com seiscentos metros de comprimento, dois andares, muito iluminado. Logo que entrei, pensei: *Meu Deus, que coisa linda! Será que algum dia eu vou conhecer quem faz isso, quem são as pessoas que estão por trás disso?* Ali, tive a certeza: é isso que quero fazer. Eu me visualizei promovendo eventos como aquele, nos quais eu poderia dar a minha contribuição para o mundo, usar a minha criatividade, usar o meu dom, usar tudo aquilo que Deus me deu. Estou certo de que você vai concordar comigo: um vetor para realizar coisas grandiosas são os eventos. **É por meio de um evento que conseguimos reunir pessoas com o mesmo propósito para promover amor, paz, energia, conhecimento, conteúdo e tantos outros bens. Um evento é capaz de fazer tudo isso.**

Mas perceba como as coisas acontecem. Fui a essa micareta no fim de 1999. Em abril do ano seguinte, eu estava no quarto período da faculdade de Publicidade, na Universidade Federal do Espírito Santo (Ufes), quando fiz entrevista de estágio em um escritório de design, indicado pelo meu irmão. Passei, e sabe o que eu descobri? Aquele era o escritório que criava todas as artes e os materiais de comunicação da micareta Vital e da promotora Ondaluz Eventos. Eu não apenas conheci quem fazia a micareta que tanto me encantou como também estava trabalhando para eles.

Fiquei um ano nesse estágio. Era um expediente de seis horas por dia, e eu trabalhava muito. Na agência, fui faxineiro, office boy, atendi o público, fui diretor de arte, redator, psicólogo... fazia tudo. Após um ano de estágio, vi que, apesar do grande aprendizado, ali havia um limite; assim, fui em busca de algo maior, mas fui avisando a todos os clientes. Sabendo disso, justo o bloco Mukeka (da banda Asa de Águia) me ofereceu um estágio. Em seguida, me encontrei com um dos donos da Ondaluz, Américo Teles, meu grande amigo até hoje, que me ofereceu um emprego, e não apenas um estágio. Comecei a trabalhar com carteira assinada, para ganhar bem mais, e ainda estava no sexto período da faculdade.

Foi assim que começou a minha jornada com eventos.

Não é só a sorte que conta, é também a boa sorte!

Talvez você esteja pensando que, com tudo isso que contei, fica fácil ser o cara do UAU. Ledo engano. A vida não foi fácil e também não foi sempre linda para mim. Eu batalhei muito para conquistar o que sonhava.

A emoção e o coração são fundamentais para ajudar você a ser bem-sucedido, porém a razão também tem um papel importante. Na área de eventos, como em qualquer outra, é preciso se aperfeiçoar constantemente se quiser crescer. E, como já falei, conto sempre com anjos que estão ao meu lado em momentos-chave, me estimulando a seguir em frente ou me freando em momentos determinantes. Como já falei lá no começo, toda a minha visão de empreendedorismo, por exemplo, veio muito estruturada pela família da minha esposa. Eles entraram na minha vida no mesmo ano em que fui trabalhar na Ondaluz.

Assim que me formei na Ufes, a minha sogra me deu um empurrão poderoso, que representou uma grande virada de chave na minha vida. Estávamos no carro, voltando da roça dela, quando ela me perguntou:

— Marcelo, o que vai ser agora, depois de formado?

— Vou trabalhar — respondi.

— Isso eu já sei. Mas, além de trabalhar, o que você pensa em fazer?

Ela disse que eu tinha que engatar numa pós-graduação; assim, escolhi fazer MBA na FGV, por ser uma instituição renomada e que certamente faria diferença no meu currículo, e fez. Expliquei que não tinha condições, pois eu ganhava, na época, 550 reais por mês, e a mensalidade custava 600 reais.

— Marcelo, uma coisa não tem nada a ver com a outra. O que estou dizendo é que você precisa fazer um MBA. Fique tranquilo, que você vai encontrar um meio de honrar esse investimento e de cumpri-lo — ela explicou.

Eu entendi o que ela queria dizer, mas não era fácil realizar aquele sonho, porque só a matrícula na FGV custava 1.500 reais, ou seja, três vezes o salário que eu ganhava na época. Isso foi em 2003. Um ano antes, no Carnaval de 2002, minha namorada (hoje minha esposa) fez uma viagem a passeio para os Estados Unidos. Como eu não tinha recursos para acompanhar, decidi ficar em casa, pois daria para economizar, comprar um computador e fazer trabalhos de criação como freelancer. Sim, por muito tempo fiz *frilas* madrugada adentro, para complementar a renda. E foi assim que, com muito esforço, consegui o cheque no valor da matrícula da FGV.

Novo obstáculo. Naquela mesma semana, o meu pai teve um problema de saúde, uma crise de vesícula. Foi para o hospital público da cidade e ficou dias aguardando a cirurgia. Não dava para esperar mais. O que fiz? Fui para Carangola. Depois de ver o meu pai, abraçá-lo, constatar que ele estava com muita dor e em uma situação ruim, fui negociar com o médico. Ouvi que ele cobrava 1.500 reais pela cirurgia e retirei o cheque que tinha deixado na FGV, cancelando a matrícula. A prioridade ali era a saúde do meu pai.

Dias depois, em uma entrevista de emprego, o entrevistador, que virou um grande amigo, Cleomar Ferreira, abriu o jogo comigo: argumentou que eu era um profissional espetacular, mas que não ia me contratar porque não tinha dinheiro para pagar o que eu merecia. Mesmo assim, me incentivou a não desistir de fazer uma pós-graduação.

— Siga o seu sonho, converse lá, dê um jeito, porque eu tenho certeza de que vai ser importante para a sua vida.

Naquela entrevista, que aconteceu em uma quarta-feira, contei chorando a história do meu pai e saí. Fui para a casa da minha sogra e comentei que estava quase desistindo da pós-graduação, mas que as palavras do entrevistador me deram novo ânimo.

— Vou dar um jeito, vou conversar no meu emprego e tentar um adiantamento de recurso, mesmo sabendo que será muito difícil.

Foi quando minha esposa, namorada na época, e minha sogra me surpreenderam com um cheque, que estava pronto desde o início daquela semana. A minha sogra contou que combinou com a filha de me emprestar o dinheiro somente se eu estivesse decidido de verdade a fazer a pós-graduação, apenas se estivesse confiante.

— Fique tranquilo, vá atrás da sua boa sorte. Você tem até o fim do curso para me pagar — ela disse.

Aceitei, chorando, agradeci e comecei o curso. Três meses depois, consegui pagar o valor emprestado, mesmo ainda tendo o prazo de um ano e meio. Fui contratado por um plano de saúde para ganhar seis salários mínimos mais o valor da pós-graduação.

Sendo assim, como eu posso dizer que não sou o xodozinho do Pai? E esse Pai é o Papai do Céu mesmo. A sorte é limitada, mas a boa sorte é a oportunidade abraçando o preparo com a vontade de querer crescer e de realizar. E eu contei tudo isso para dizer que, na área de eventos principalmente, o desenvolvimento pessoal é fundamental. Mesmo que seja difícil, vale a pena olhar para isso com carinho. A propósito, você sabe qual é o meio mais prático de se manter como o fornecedor preferido de um cliente? Investindo nele e no time dele. Se o seu cliente investe ao contratar o seu serviço, você também tem que investir nele. Como? Buscando estudar e se aprimorar para dar o seu melhor em cada projeto.

Eu me tornei nerd depois de velho, justamente quando fiz o MBA, pois doía no bolso. Eu sabia na ponta da língua quanto custava a hora-aula, por isso não faltei um dia sequer. Desde então, passei a dar valor a cada conteúdo adquirido. Leio livros com frequência, mas não necessariamente todos de cabo a rabo. Foco o que acredito que me trará o conhecimento de que preciso para seguir aprimorando minha fábrica de UAU.

É fácil? Não, mas é necessário. Se tem uma coisa que eu fui na vida foi persistente, perseverante. Independentemente de qualquer coisa, estava ali lutando, acreditando. Para mim, o impossível não existia, e ainda não existe. Eu me recuso a aceitar que algo pode não dar certo, e foi isso que me trouxe até aqui. Sempre acreditei, fui curioso, questionador e provocador; prezei as amizades, sem fazer distinção. E colhi muitas recompensas.

Por isso afirmo: **quem deseja fazer eventos precisa ter resiliência, amor pelo ser humano, persistência e, sobretudo, vontade de aprendizado**. Porque é assim que você aumenta o seu repertório criativo. Porque é assim que você conquista os seus sonhos. Ser um menino do interior que chegou a uma capital aos 14 anos nunca foi um impeditivo para mim.

O essencial é não deixar de acreditar que o que queremos e desejamos é possível. Já fui taxado de "maluco" e "viajandão" quando era mais novo. Eu respondia na brincadeira: "Já riram de Newton, já riram de Einstein e hoje riem de Marcelo Braga. Mas a vida é uma roda-gigante". É claro que isso é uma brincadeira. Seria muita pretensão fazer qualquer tipo de comparação com esses grandes nomes da história. Mas eu não tinha a menor noção de que, naquele momento, estava jogando para o Universo uma mensagem poderosa.

A criatividade não sai do nada

Todas as dificuldades que eu tive que enfrentar na vida foram para o bem e ajudaram a despertar em mim algumas outras habilidades bem importantes para o promotor de eventos UAU que me tornei. A minha criatividade, por exemplo, foi acionada justamente por eu precisar me virar com o que tinha e pela vontade de estar com os meus amigos, com as pessoas, tendo sempre que mostrar um lado inovador em cada momento decisivo da minha vida. Isso também contribuiu para eu ser o que sou hoje.

E aqui cabe dizer uma coisa muito importante. **As pessoas têm a ilusão de que a criatividade é uma eureca, que brota do nada, e não é assim**. Ela está muito relacionada com referências, com preparação. **A criatividade parte de um conceito, vem de repertório, de experiência, de vivência, de estudo**. Tudo isso contribui para que você correlacione os diversos elementos que o ajudarão a resolver determinado problema de modo inovador e interativo.

O realizador de eventos UAU precisa estar sempre ligado em ampliar o próprio repertório. Fiz isso ao embarcar em uma imersão no mundo da Disney em comemoração aos 15 anos da Liga. Por quê? Eu vendo experiências, certo? Então, nada melhor do que fazer um curso na Disney, em Orlando (EUA), que é a mãe da experiência no mundo. Lá encontramos uma prática realmente diferenciada; portanto, fazer esse curso tinha a ver com aprender com os melhores. Chegando lá, percebi, com muita satisfação, que algumas das coisas que fazíamos aqui, é óbvio que respeitando as devidas proporções, já eram feitas lá desde o início. Foi uma vivência altamente positiva.

Muito mais do que voltar falando sobre criatividade, eu voltei com uma percepção muito clara de processos, reforçando ainda mais a necessidade de ter uma metodologia para criar magia. Uma frase que se ouve muito lá e resume tudo é: "A Disney não faz a magia; é o processo que faz a magia acontecer". E processo tem muito a ver com a responsabilidade da entrada de um projeto em uma empresa. Em outras palavras, é a pergunta: "Como inicio o projeto com 'o pé direito?'". Muitas das falhas que enfrentamos com eventos, e que vou destacar nos próximos capítulos, têm relação com processo.

Se você tem claro o processo criativo de um projeto e sabe enfrentar imprevistos sem entrar em pânico nem mergulhar no emocional, terá a segurança necessária para tirar uma solução criativa da cabeça, mesmo com o "trem andando". Isso já aconteceu várias vezes comigo. Um dos exemplos mais engraçados que me ocorrem agora, acessando a memória do coração, aconteceu em 2007, no auge da crise aérea no Brasil.

Eu estava organizando o Festival de Inverno de Domingos Martins, cidade a 42 quilômetros de Vitória, e tinha contratado um show do cantor Flávio Venturini. A banda vinha de São Paulo, e o baterista de Belo Horizonte (MG). O pessoal de São Paulo chegou, mas o voo que vinha da capital mineira foi cancelado, e o baterista ficou no aeroporto de Confins sem ter como embarcar. Sem ele, não tinha show. A banda, o cliente, todo mundo estava desesperado. Não dava tempo de ele pegar um ônibus, e um táxi custaria muito caro. Então, tive uma ideia. Peguei o telefone e liguei para um amigo que morava em Belo Horizonte:

— Amigão, estou fazendo uma festa em Domingos Martins. Você não tem noção do que vai ser. Uma festa linda! Quer vir? Você vai chegar e ser tratado como um rei. Eu pago tudo, até a gasolina do carro.

— Então estou dentro! — ele respondeu.

— Perfeito, então. Aproveitando a sua vinda, você pode passar no aeroporto de Confins e pegar o baterista? Risos.

E assim o meu amigo levou o baterista. Eles chegaram trinta minutos antes de o show começar... e o evento foi um sucesso. A união de boa bagagem, conhecimentos e referências dá o jogo de cintura necessário para driblar os imprevistos que sempre acontecem em um evento e ainda encontrar soluções criativas para eles.

Eternamente responsável pelo que cativas

Além da criatividade, outra habilidade é essencial para quem deseja trabalhar com experiências memoráveis: cativar pessoas. Isso nos leva a uma frase famosa: "Tu te tornas eternamente responsável por aquilo que cativas", original de um clássico da literatura mundial, *O pequeno príncipe*, do escritor Antoine de Saint-Exupéry.[2] Ela é um grande clichê, mas acho que tem tudo a ver com a vida de realizadores de eventos.

---

2 SAINT-EXUPÉRY, A. **O pequeno príncipe.** Rio de Janeiro: HarperCollins, 2018.

Nessa jornada, temos que cativar diversos públicos: o cliente, o cliente do cliente, os colaboradores e os fornecedores. E o que é cativar? Gosto da definição que a raposa dá ao Pequeno Príncipe, na animação de mesmo nome: "Cativar, para mim, significa cultivar laços... Se tu me cativas, teremos necessidade um do outro".

Lembre-se: uma vez que você cative verdadeiramente o seu cliente, o seu público-alvo, o seu fornecedor, o seu esforço para manter e superar as expectativas será muito menor do que para convencê-los de que você é uma pessoa legal. Mas, para cativar, é necessário ter um canivete suíço mágico no bolso, tendo a consciência de que cada evento, cada ação realizada zera tudo. Parece difícil? E se eu disser que esse canivete suíço pode se materializar em coisas corriqueiras, que não exigem grande esforço, como aquele olhar humano, do coração, sabe?

Esse elemento mágico está presente em muitas situações do seu dia a dia. Passe a reparar nele. Eu percebo isso o tempo todo. Quer um exemplo? Ao contrário de muita gente, eu gosto de sair para comer, e não para tirar fotos. Ainda assim, em um dia desses, acabei fotografando um cappuccino porque achei muito caprichado: na espuma havia um desenho de coração feito com canela peneirada. Quanto tempo o profissional da lanchonete levou para criar esse detalhe? Uns vinte segundos? Foi pouco, né? Mas aquele gesto causou outra percepção da minha compra, com custo zero. Feito com carinho, um pastel me cativou a ponto de eu querer registrar e compartilhar uma foto. Tempos mais tarde, aplicamos isso para um cliente em um evento, só que com a marca dele, e todo mundo adorou!

Quer outra experiência simples, mas cativante? Frequento uma padaria da minha cidade com a minha família e às vezes vou até lá também para fazer reuniões. Uma colaboradora, sempre que me vê, faz questão de vir até a minha mesa. Anita me deseja um bom dia e me serve sempre com muito carinho e zelo. Eu também aproveito para saber se ela está bem, agradecer verdadeiramente o cuidado dela comigo e compartilhar essa energia tão positiva que ela emana.

Um prédio onde vivi por mais de dez anos também tinha um porteiro diferenciado. Ao ver os moradores no elevador com algo pesado, o Dênis corria e ajudava. Ele podia estar ocupado, molhando as plantas em frente ao condomínio, porém parava para ser útil a alguém que estava carregando sacolas nas mãos, por exemplo. Todos da rua conheciam o seu jeito flamenguista. Ficava na guarita quando o time do coração perdia, mas quando ganhava... fazia a alegria de quem encontrava. Por iniciativa própria, criou um grupo do prédio, no qual compartilhava todos os dias o jornal em PDF. Quanto custava fazer tudo isso? Nada além do desejo de querer cativar.

Você consegue perceber que aqui entra um ingrediente altamente valioso, que vai muito além da sua função? O ato de cativar é humano. A grande diferença de um evento que é entregue com magia para um que é entregue sem magia está no fator humano. Vou dar um exemplo que vivenciei e me deixou feliz, porque eu já acreditava nessa lógica antes de a confirmar na prática. Qual é, hoje, a maior diferença da Disney para a Universal, marcas que têm dois grandes parques temáticos em Orlando (EUA)? O primeiro é *high touch*, que é o alto poder do sentir. O segundo é *high tech*, por querer encantar com tecnologia e espírito de aventura. Na minha visão, a Disney proporciona mais o contato humano, e isso é maravilhoso.

Quando Walt Disney criou a Disney, ele queria que as pessoas entrassem em um filme. Sendo assim, os detalhes importam muito para que elas se sintam parte. Quanto mais detalhes, melhor. Para começar, os colaboradores Disney são chamados de "elenco", então imagine o que acontece quando eles colocam os visitantes do parque como protagonistas desse filme. Essas pessoas se sentem diferentes. Quando você passa por qualquer colaborador da Disney, ele imediatamente sorri, é cortês e cativa.

Em muitos outros parques, em que há impessoalidade, você pensa: *Sou só mais um*. Nos brinquedos da Disney, quando o elenco pede que você puxe a corda amarela e verifique se o cinto está bem preso, não é para o bem dele, e sim para reforçar em você a sensação de segurança. Afinal, por meio de sensores, os controladores já sabem que você está bem preso. Esse olhar Disney é o olhar do humano, é o olhar do cativar.

Transferindo esse conceito para o universo do evento: não importa se ele é gigantesco ou pequeno, você precisa colocar todo mundo "na mesma página", entendendo que aquela entrega tem que ser memorável. Pode ser um evento simples, mas se tiver calor humano será legal. Por quê? Porque todo mundo vai dar algo a mais para entender que os convidados estão lá buscando um momento único, que pode provocar até uma mudança na vida deles. E isso, posso garantir, ativará a memória do coração.

Antes de detalhar bem como tudo isso acontece, quero alertar você de algumas pedras que encontramos pelo caminho. Reconhecê-las será importante para que a preparação dos próximos eventos possa fluir melhor, então continue esta leitura.

Costumo brincar que eventos são como apurações das escolas de samba: você começa com a expectativa de tirar nota 10, mas a cada avaliação tem a possibilidade de tirar um 9,9. Ao somar tudo, pode ser que você fique com um 9 e mais uns quebrados.

Mas, para mim, de zero a 10, temos o dever de tirarmos a nota UAU em nossos eventos. Essa é a minha busca contínua pela excelência.

FANTÁSTICA FÁBRICA DE UAU
@bragamkt

capítulo 3

Por que tantos eventos fracassam

Lembro-me como se fosse hoje de quando a professora de português entrava na sala de aula, algumas vezes não muito bem-humorada, e dizia: "Peguem lápis, borracha e caderno, pois hoje faremos uma redação". Passados eternos três segundos de silêncio, vinha a famosa pergunta dos alunos: "Qual é o tema?". Está certo que alguns perguntavam quantas linhas precisávamos escrever, mas o fato é que, quando nós temos o tema definido para a redação, escrever se torna mais prático. Sem essa informação, fica difícil até de começar.

Gosto de dar esse exemplo para falar de uma coisa que é determinante para o sucesso de um evento, ou, muitas vezes, para o fracasso, quando não prestamos atenção nela. É o seguinte: não ter um **porquê para fazer** aquilo é o equivalente a tentar entregar uma redação sem tema. Fica vago, solto, nada combina com nada. Torna-se um monte de ideias, muitas até legais, tiradas das redes sociais, mas que não têm nexo. Falta um conceito forte, e vira só mais um evento.

Em compensação, ao criar um evento temático, que faz o visitante se transportar no tempo e no espaço, a coisa começa a mudar de figura. Passa a existir uma razão para realizar uma porção de ações sincronizadas e para os convidados estarem ali. Para você entender bem o que quero dizer, vamos analisar a história do Rock in Rio. Esse festival de música nasceu no Rio de Janeiro e se tornou um sucesso, tendo mais de duas dezenas de edições não apenas na capital fluminense, mas também fora do Brasil, como em Lisboa (Portugal) e Madri (Espanha). Mas, antes disso, passou por uma forte turbulência, resultado de não ter prestado atenção na regrinha da "redação com tema". Me acompanhe.

O primeiro Rock in Rio aconteceu em 1985, em uma área batizada, na época, de Cidade do Rock, localizada em Jacarepaguá, na zona oeste do Rio de Janeiro. O evento foi um fiasco financeiro, mas foi marcante em termos de novidade para quem esteve lá. Muitas bandas internacionais estrearam no Brasil, com performances lendárias, como a inglesa Queen. Seis anos depois, a segunda edição aconteceu no Maracanã. Mais uma vez, o evento não teve o resultado desejado e, mais do que as questões financeiras, não gerou experiência; e esse não era o desejo do idealizador, Roberto Medina.

Sentindo o golpe, Medina tomou uma decisão: nunca mais faria o Rock in Rio, muito menos no Maracanã. O motivo era simples. No estádio, o espaço restrito limitou todo o evento a um show, sem ter locais de interação das marcas, outros palcos, atrações paralelas. Anos mais tarde, a equipe dele, que ainda acreditava na força e na lembrança de marca do evento, estava disposta a convencer Medina a repensar. Ele, então, desafiou o time a provar por que o Rock in Rio deveria voltar a acontecer. E assim foi criado o propósito, a razão de existir, traduzido no lema "Por um mundo melhor".

É o que eu digo: a redação ganhou um tema! E tudo ficou mais fácil. A missão ficou palpável, clara, tendo a mensagem "Por um mundo melhor" em cada atração, nos palcos e nas interações dentro da Cidade do Rock. Tudo deveria, obrigatoriamente, conter e reforçar esse compromisso, que ia muito além da música e do entretenimento. E se fez a magia! Com os conceitos social e ambiental que atualmente têm metas ligadas à sustentabilidade do planeta, o Rock in Rio se tornou um dos primeiros festivais no mundo a incorporar ações para neutralizar o carbono que gera e o primeiro a ter a etiqueta da ISO 20121, que é a norma referente a eventos sustentáveis.

A grande questão é que projetos nascem e morrem quando começam a ser criados com foco apenas em "o que teremos", e não em "por que temos" que realizar esse evento, como mencionei no primeiro capítulo. Infelizmente, além desse equívoco, existem muitos outros que podem levar ao fracasso aquela jornada que você preparou dedicando tempo, energia e dinheiro. Por outro lado, não podemos nos acostumar com os mesmos erros se podemos aprender com eles e superá-los. E aqui está o meu superpoder: eu nunca perco!

Em cada evento, ação ou interação com as pessoas, busco o aprendizado contínuo, acertando, errando, vencendo ou perdendo uma concorrência. Procuro de imediato virar a chave para entender o que posso fazer melhor da próxima vez. Por acreditar tanto nisso, vou destacar a seguir alguns dos principais erros que costumam tirar o sono de quem faz eventos e levam a fracassos evitáveis. Se você perceber que está caindo neles, vai poder virar a sua chave também.

Não levar em conta as adversidades e condições climáticas

Esse é um dos erros mais comuns. Ao fazer um evento, é preciso mapear os riscos até dos cenários mais desafiadores relacionados ao clima. Todo mundo sonha com um tempo lindo na data do evento. Mas o que é o tempo ideal para eventos? Céu limpo, sem chuva, com temperatura variando entre 23 °C e 25 °C? Ainda assim, pode cair uma tempestade ou fazer um sol escaldante, pode não ventar nada ou ventar muito...

Parece bobeira, mas muitos não prestam atenção nesses detalhes. Em um evento durante o dia, pensando apenas no visual, querem usar uma tenda de cristal, que é translúcida, mas não pensam em uma questão importante: se fizer sol, a tenda vai virar uma estufa. Outras vezes, o cliente diz: "Tudo bem, o evento vai acontecer à noite, então colocarei a tenda de cristal. Assim, se chover, os convidados não vão se molhar". Depende. Se resolver economizar no piso, poderá ter a surpresa de a água da chuva escorrer por baixo e molhar os pés das pessoas, além de facilitar acidentes.

Portanto, quando mapear um evento, é essencial que você saiba lidar com todas as adversidades possíveis. Em vinte e quatro anos de atuação nesse mercado, eu só precisei usar gerador de energia reserva uma única vez, em 2024. Já pensou se eu achasse que não era necessário ter esse backup de energia só porque passei anos sem precisar desse recurso? Agora eu posso dizer que uma vez eu usei. Como profissionais de eventos, temos que prever todas as adversidades possíveis e ter à mão um abecedário de planos para manter a magia lá em cima, caso tenhamos algum imprevisto. Sem essa precaução, todo o encantamento que você tinha planejado pode ir por água abaixo, literalmente, em um instante.

Acreditar que o seu evento é o melhor do mundo, então outros que acontecerem em paralelo não vão ofuscá-lo nem disputar a atenção das pessoas

É muito comum as pessoas acharem que a própria ideia, o próprio projeto é o melhor do mundo. Com isso, nem se preocupam em mapear outros projetos, outros eventos que podem ocorrer na mesma época e acabar sendo concorrentes. Por exemplo, o simples fato de o meu evento estar marcado para uma quarta-feira à noite já deve acender um alerta: ele corre o risco de disputar com a final de campeonato de futebol ou cair em uma véspera de feriado.

Quando estive na sede do Orlando Magic, time da NBA de basquete que tem arena sediada em Orlando, isso ficou muito claro. Esse é um exemplo maravilhoso. O executivo explicou que eles não concorrem apenas com o Miami Heat e o Los Angeles Lakers, outros times da Liga Americana de Basquete. Por terem uma arena, disputam com o Orlando City, um time de futebol, e com o Solar Bears, uma equipe de hóquei no gelo da cidade. Sabe por quê? Porque os responsáveis pela arena do Orlando Magic entenderam que a real concorrência é pela experiência esportiva do "ao vivo", e não apenas entre os times de basquete.

Imagine que é o seu último dia de férias em Orlando e você quer muito aproveitar essas horas preciosas. Há várias opções. Pode ir ao jogo de basquete do Orlando Magic, ver a partida de hóquei do Solar Bears, escolher entre os parques da Disney e da Universal ou ir ao cinema para colocar a sua lista de filmes em dia e, em seguida, jantar. Qual vai ser a sua escolha? Por aquilo que você acredita que entregará a melhor experiência, é claro.

Então, a definição da data do seu evento pode ser boa ou ruim, dependendo de quais concorrentes da cidade ou até mesmo da programação dos canais de TV têm uma experiência atrativa a ponto de disputar o mesmo público que o seu.

Aceitar a crença de que, para ser memorável, o evento tem que receber muito investimento

Puro mito. Se as jornadas que você preparou não tocarem verdadeiramente as pessoas, de nada adianta ter uma megaestrutura, um megainvestimento. Vale muito mais ter um bom *storytelling*, que é a arte de contar histórias capazes de envolver a audiência e conectá-la com a marca dentro do seu evento. Segundo Jennifer Aaker, professora de marketing da Stanford University, *as pessoas se lembram das histórias até 22 vezes mais do que se lembram de conceitos isolados*.[3] Quando se cria uma boa narrativa a partir do tema escolhido, as pessoas disputam para tomar um café em tal lugar, que tem uma história X, onde acontece algo incrível, como ver um pôr do sol maravilhoso.

O local é importante, porém não mais do que a magia que será aplicada ali. Você pode fazer eventos menores, com pouco investimento, desde que conte uma história envolvente, que faça sentido para o seu público-alvo. A chance de dar certo será muito maior do que se você fizer algo meramente operacional ou sem alma, sem uma narrativa que encante, mesmo que gaste uma fortuna. É claro que, tendo mais recursos, você tem mais possibilidades. Entretanto, por si só, não é o dinheiro que resolve. É como um carro de Fórmula 1 na mão de quem não sabe pilotar.

Seguir um modelo que valoriza mais fórmulas prontas do que criatividade e soluções personalizadas

Essa causa de fracasso é decorrente do que comentei no primeiro capítulo: se determinado evento foi bacana, bate a tentação de pegar aquela fórmula e replicá-la. Essa dinâmica do "copia e cola", aliada à crença de que será sucesso na certa, contamina muitos projetos atualmente. Mas será que o que funcionou muito bem em outro contexto causará o mesmo efeito no público da jornada que você está preparando? É preciso analisar bem antes de simplesmente copiar e colar.

---

3 AAKER, J. Harnessing the power of stories. **Stanford University**. Disponível em: https://womensleadership.stanford.edu/node/796/harnessing-power-stories. Acesso em: 9 out. 2024.

É necessário checar se aquilo que você está propondo realmente faz sentido dentro dos três pilares de um evento, que são **conteúdo**, **relacionamento** e **experiência**.

Você precisa ter o claro entendimento do que quer que os convidados memorizem do seu negócio por meio do seu evento. Quando você prepara um espaço instagramável incrível ou escolhe uma atração musical, por exemplo, o que espera que fique na memória de quem passar por ali? O que você quer que aquela pessoa diga sobre o seu evento em um churrasco no dia seguinte? Esse é o detalhe.

Ceder ao imediatismo e à falta de planejamento

As pessoas querem diversão, experiência, conhecimento envolto em algo bacana. Paralelamente a isso, as redes sociais vão ditando certas regras e modismos. Vou dar um exemplo. Virou febre entre futuros papais fazer o chá revelação. Quantos deles você já viu darem errado? Há milhares de memes desse tipo de evento fracassando. A fumaça que não deu certo, o balão que não voou, alguém que ficou todo pintado de azul...

Às vezes, por causa do imediatismo de querer fazer algo da modinha, do momento, as pessoas acabam reproduzindo aquilo somente porque todo mundo embarcou na mesma onda. Quando você pergunta "Por que fazer isso?", a resposta muitas vezes é: "Ah, porque é legal". De longe essa não é a melhor resposta, e consequentemente não é a melhor solução.

A ideia era ótima, mas o equipamento não funcionou

Quando o evento é ao vivo, estará assumindo altos riscos de algo dar errado se você não testar, treinar e fizer ensaios técnicos. Muitas vezes, as pessoas sucumbem à falta de tempo e pulam etapas primordiais ou simplesmente fazem as coisas sem planejamento, sem organização, sem entender tudo o que abrange um evento, como assinalar no mapeamento de riscos que um equipamento pode falhar e, nesse caso, já ter a previsão de uma alternativa para resolver.

Isso é subestimar o evento. É achar, por exemplo, que evento científico é tudo igual. Cada evento é único! Se você não mapear profundamente cada um, não levantar todas as questões de risco na entrada do projeto, passará por sufocos desnecessários que vão desgastar a sua relação com os clientes, a sua reputação no mercado, o nível de expectativa gerado no público e por aí vai. Nunca subestime ou superestime um projeto. Sempre tenha em mão um plano B.

Informações rasas ou incompletas passadas pelo cliente

Se você não tiver um briefing bem qualificado e um cuidadoso checklist de informações, pontos importantes podem passar despercebidos. E o que acontece? Lá na frente, essas informações fazem falta. Alerto que um conceito mal definido está muito ligado à falta de informação. Simples assim. Se a entrada do projeto ocorre de maneira enviesada, torta, sem os decisores na reunião e com as informações rasas, isso certamente vai se refletir nas suas soluções e na entrega final.

Não ter bem claros os processos de início, meio e fim de um projeto

Logo na entrada, é fundamental que você identifique esse tipo de situação, para que possa investir em um planejamento ainda mais cuidadoso, evitando uma série de problemas para a sua equipe. Em alguns casos, isso serve até para declinar o job, se você entende quais são as suas potencialidades com relação aos eventos, especialmente quando o cliente é de uma área que você não conhece bem ou pela qual não tem interesse genuíno.

Fantástica fábrica de UAU

Se, por exemplo, você sabe pouca coisa da realização de uma conferência científica e não quer investir nesse conhecimento, vai fazer apenas por dinheiro? Não recomendo, porque pode gerar sofrimento para você e para a sua equipe. O que estou querendo dizer aqui vale para a vida. Imagine um dançarino de tango ser contratado para fazer uma apresentação de balé moderno. Ele terá que estudar a fundo esse ritmo completamente diferente ou deverá deixar o show para outro profissional mais especializado. O fato de ser um dançarino profissional não o chancela como expert em todos os ritmos de dança. Nos eventos ocorre o mesmo.

Se você não tiver entendimento dos serviços que consegue realizar com maestria do início ao fim, as chances de se perder no caminho e não chegar ao resultado são muito maiores.

Não envolver o pessoal da criação e o da execução nos momentos certos

Se uma pessoa que cuida do atendimento tem uma ideia e manda para a pessoa do time criativo, mas não coloca na conversa o fornecedor que vai executar aquilo, tudo pode dar errado. Entre o que é colocado no papel ou em um Power Point (que aceita tudo) e a execução existe uma distância muito grande. Assim, acaba-se às vezes aprovando com o cliente uma ação que ele achou linda e maravilhosa, porém que se mostra inexequível. Não há fornecedor nem estrutura suficiente, não há amarração, não existe um bom prazo de execução e nem mesmo um pé-direito onde caiba a ideia sugerida.

É necessário haver alinhamento entre o que você está criando e o que vai ser executado. É algo muito importante, porque, sem isso, você não conseguirá viabilizar a ideia. Se você cria, o cliente gosta e depois não se consegue um fornecedor que faça aquilo com a excelência, o preço e o prazo necessários, o fracasso é certo.

Trabalhar com várias pessoas que respondem pelo cliente no mesmo projeto

Quando cada pessoa quer uma coisa e dá uma opinião diferente, você fica sem um ponto focal, ou seja, sem um interlocutor, sem saber quem se responsabilizará pela decisão final. Sem que se entendam entre eles e definam um líder, a coisa trava e há refação, muita refação. E refação é sinônimo de um custo extra que, na grande maioria das vezes, não se pode repassar para o cliente.

Se esse cliente tem um comitê, deve resolver e informar quem comandará a equipe na aprovação das ideias e do planejamento do projeto que será apresentado. Já imaginou o que pode acontecer quando quatro pessoas com o mesmo poder de decisão se sentam à mesa?! Cada uma dá uma opinião, e você fica zonzo, tentando fazer que cheguem a um acordo.

Por mais que seja um grupo que tome as decisões, é necessário estabelecer um interlocutor único com o cliente, alguém que informe a você o que foi decidido. Se não for possível, divida-os por áreas do evento, assim você terá ao menos uma organização mínima de decisores e decisões. Nesses casos, é fundamental uma matriz de comunicação do evento com cargos, responsabilidades e contatos de todas as pessoas que atuarão naquele projeto, inclusive da sua equipe, e, internamente, com os fornecedores.

Ruídos e falhas de comunicação

Outra questão delicada envolve omissões ou interpretações incorretas entre emissor e receptor da mensagem. Em outras palavras, tudo o que você discute e decide com o cliente, se não for detalhado e registrado, favorece que as informações se percam, por dificultar que elas cheguem corretamente a todos os envolvidos no planejamento e na execução do evento. Quando há ruídos e falhas de comunicação, algo pode deixar de ser feito ou então ser executado pela metade.

Por pressa ou "excesso de confiança", muitos não registram em ata tudo que foi discutido nas reuniões nem as responsabilidades de cada um. Isso gera várias dúvidas. Quem vai tomar a decisão? Quem vai fazer o quê? Quem dará a devolutiva? Em qual prazo? Tudo tem que ter um prazo de devolutiva! Assim, se algo atrasar, você consegue saber quem deve ser cobrado e exatamente o que cobrar, sem ruídos.

Clientes que subestimam sugestões e direcionamentos feitos pela agência

Digamos que o salão onde será realizado o evento tem uma janela enorme. Na sua avaliação, é necessário colocar uma cortina nela, porque a luz do sol entrará no ambiente com tal intensidade, que trará desconforto aos convidados. O cliente diz: "Ah, não precisa". Chega a hora do evento, um baita sol. Qual é a consequência? Uma área considerável do salão fica vazia, e os convidados ficam aglomerados na parte com sombra. E isso interfere no resultado daquela experiência. Tem mais: mesmo que o problema tenha sido provocado pela atitude do cliente, ele ainda pode sair reclamando do seu serviço.

Por isso, digo e repito: registre tudo, documente tudo, para que não haja dúvidas de que você alertou o cliente sobre riscos e necessidades. Também redobre a atenção em relação a todas as outras causas apontadas aqui, que comumente atrapalham o sonho de muita gente de criar eventos memoráveis. Mesmo que o cliente duvide, faça questão de realizar as visitas técnicas no mesmo horário em que o evento ocorrerá. Isso também pode trazer outros aprendizados com relação a, por exemplo, trânsito e estacionamento.

Você deve estar pensando: *Nossa, Marcelo, quantos detalhes! Será que essa história de realizar eventos UAU é mesmo para mim?*

Eu respondo: "Sim! Com certeza". Continue comigo, pois vou começar a mostrar como transformar um cenário de falhas em sucessos.

Não ter um porquê para fazer aquilo é o equivalente a tentar entregar uma redação sem tema. Fica vago, solto, nada combina com nada.

FANTÁSTICA FÁBRICA DE UAU
@bragamkt

capítulo 4

A criação de eventos pelo propósito e de propósito

Agora você começará a descobrir que realizar eventos UAU também está ao seu alcance. A grande pista eu já entreguei no título deste capítulo: estou falando de criar eventos com propósito e de propósito. O que quero dizer com isso? **Primeiro, a chave está em encontrar o propósito, a razão de existir da demanda. Segundo, em transmitir esse propósito, a alma, o DNA do evento para o seu time, depois para os fornecedores envolvidos e, por consequência, para o público com o qual você quer se engajar.**

Com o método que sistematizei, é perfeitamente possível que você consiga realizar eventos de **conteúdos** relevantes, que conectem as pessoas e gerem **relacionamentos**, que promovam nos participantes um sentimento de que fizeram a escolha certa quando decidiram estar ali por meio de uma **experiência** que tiveram. E isso começa com a identificação clara do propósito. Somente assim é possível encantar, cativar, hipnotizar os envolvidos, levando-os para uma jornada memorável.

Uma curiosidade: eu já estava nos finalmentes do livro quando, em uma imersão pela Editora Gente, Stanley Bittar (autor do livro

Faça seus negócios trabalharem por você),[4] ao ouvir a minha metodologia, gostou muito, mas me deu um conselho que imediatamente ajustei: muito mais do que realizar eventos com propósito, precisamos realizar os eventos pelo propósito. Uma simples troca de preposição muda todo o jogo. Eu sempre agi em todos os eventos que realizei pelo meu propósito, e isso fez muito sentido para mim. Ficam aqui os meus sinceros agradecimentos, meu amigo!

Esse é um dos grandes segredos para ganhar um UAU ao longo do evento, e a partir de agora vou explicar como eu tenho alcançado esse objetivo. Vamos explorar juntos vários *cases* que mostram que essa magia não só é possível como também é real.

A virada veio quando eu defini o meu propósito

Sabe como eu tenho certeza de que você está prestes a entrar para o clube dos realizadores de eventos UAU? Porque criei essa metodologia no momento mais difícil da minha carreira empreendendo com eventos, quando precisei de algo muito impactante, que me ajudasse a dar uma grande virada nos negócios. Esse momento crítico foi a pandemia de covid-19, conforme mencionei no começo desta nossa conversa. Vou detalhar melhor aqui o que aconteceu, para você entender como surgiu a metodologia UAU e como eu comprovei, com os resultados da Liga de Marketing, a diferença que ela faz na realização de eventos memoráveis.

A pandemia chegou quando a empresa estava indo muito bem. Em 2019, a Liga completou 10 anos, com bons clientes de conta, bons projetos e um bom faturamento. Estávamos executando o planejamento de 2020, para que pudéssemos efetivamente

---

[4] BITTAR, S. **Faça seus negócios trabalharem por você:** os 5 passos para criar um ecossistema de alto valor. São Paulo: Gente, 2023.

decolar. Então, naquele sinistro março, a Organização Mundial da Saúde (OMS) declarou que a covid-19 era uma pandemia, por causa da rápida propagação da doença, uma questão de saúde pública grave com a qual a medicina e a ciência ainda não sabiam lidar direito.[5]

Na ocasião, eu estava em Miami, a caminho de Austin (Texas, Estados Unidos), para conferir a edição de 2020 do South by Southwest (SXSW), a maior referência de festival de inovação, criatividade, tecnologia, música e cultura do mundo[6] – aliás, uma ótima oportunidade para incrementar a bagagem do "canivete suíço de experiências" que todo realizador de evento UAU precisa ter. Pois bem, a notícia do lockdown devido à pandemia veio dois dias depois de eu chegar aos EUA. Foi quando o mundo pareceu virar de cabeça para baixo. Todos tinham que ficar em casa. Não era nem possível pensar em eventos ao vivo. Em 48 horas, a Liga perdeu mais de 1,5 milhão de reais em contratos.

Cancelado, cancelado, cancelado, cancelado... vários eventos foram cancelados de uma hora para a outra.

Nos Estados Unidos, comecei a entrar em desespero, tentando entender o que estava acontecendo. Peguei o último voo para o Brasil. Logo depois, todos os aeroportos foram fechados. Chegando a Vitória, precisei ficar de quarentena por dez dias em um hotel antes de voltar para casa e reencontrar a minha família. Preso naquele

---

5 MOREIRA, A.; PINHEIRO, L. OMS declara pandemia de coronavírus. **G1**, 11 mar. 2020. Disponível em: https://g1.globo.com/bemestar/coronavirus/noticia/2020/03/11/oms-declara-pandemia-de-coronavirus.ghtml. Acesso em: 2 jul. 2024.

6 DIAS, A. B. SXSW 2024: saiba tudo sobre o festival de inovação que começa nesta sexta. **CNN**, 8 mar. 2024. Disponível em: https://www.cnnbrasil.com.br/tecnologia/sxsw-2024-saiba-tudo-sobre-o-festival-de-inovacao-que-comeca-nesta-sexta-08. Acesso em: 2 jul. 2024.

quarto de hotel, eu só pensava: *O que eu vou fazer agora?*, enquanto tentava assimilar que não haveria mais nenhum evento em 2020.

Quando reencontrei a minha família, resolvemos passar os meses mais intensos de isolamento social na nossa casa de praia. A minha esposa e os meus filhos são a minha base, o meu alicerce. E essa mudança foi importante para nos mantermos unidos. Caminhávamos na praia, víamos filmes e desenhos. De vez em quando, eu ia ao escritório. Na volta, todos me olhavam com curiosidade, queriam saber se eu tinha conseguido algum contrato, algum evento. A minha resposta era sempre parecida: "Está melhorando, estou sentindo que vem coisa boa por aí!". E não estava vindo nada! Não havia perspectiva. Mas eu não podia deixar que a minha família entrasse naquele desespero comigo, porque não resolveria absolutamente nada, e eu me sentia no dever de preservá-los.

De que adiantaria dizer para a minha família que estávamos sem perspectiva, que mês a mês as nossas reservas financeiras diminuíam? Optei por conversar com a minha esposa: "Amor, a gente está passando por uma pandemia. Não podemos gastar com exageros, porque não sabemos quanto isso vai demorar para acabar". Ela, sempre muito parceira, me acalmou: "Estamos ao seu lado. Tenho certeza de que, juntos, vamos dar a volta por cima!". Tomei a decisão de não transferir para a minha família as minhas reais preocupações com relação à volta das atividades do mercado. Conversava com eles sobre a situação que vivíamos, obviamente, assumindo que não estava fácil, mas que eu estava vendo horizontes positivos.

Depois que tudo passou, contei para os meus filhos todas as dificuldades que vivemos, até para que não cresçam alienados. Porém, preservá-los naquela fase crítica, naquele momento em que eu mais precisava de equilíbrio, foi importante para que tivéssemos bons momentos, para me energizar e me permitir buscar novas oportunidades. A minha esposa, como advogada, também estava vendo o caos sob a perspectiva dos problemas pelos quais os clientes dela estavam passando. Isso significa que ela sabia a tempestade que eu enfrentava, e a sabedoria e a confiança dela em mim fizeram total diferença naquela fase.

Enquanto isso, as coisas estavam **muito** lentas no escritório. Em abril de 2020, apareceu um evento: uma das primeiras grandes lives realizadas no Espírito Santo. Como a Liga já era conhecida como uma empresa inovadora no mercado de Vitória, o Instituto Brasileiro de Executivos de Finanças do Espírito Santo (Ibef-ES) nos contratou para organizar um evento on-line para os associados. A intenção deles era dar continuidade às atividades dentro do possível; então, para colocar o evento em pé, montamos um estúdio na escola de negócios de um amigo, que também estava fechada. Seguindo todos os requisitos de segurança, fizemos a live com os convidados. Contamos com a participação ao vivo do Salim Mattar, na época Secretário de Privatizações do Governo Bolsonaro. Com o objetivo de mostrar a grandeza do evento e aumentar a participação dos convidados, enviamos um convite físico com uma cesta de café da manhã para a casa de cada um dos associados do Ibef, para que saboreassem aquelas delícias enquanto assistiam à live, que aconteceu em uma manhã de sábado.

Passados três meses sem novos projetos, surgiu outro grande desafio, já no finzinho de julho. Foi o primeiro grande evento híbrido do estado e contou até com a presença do governador, Renato Casagrande. Depois de quatro meses de pandemia, segundo disse na cerimônia, era a primeira vez que ele vestia um terno. Foi um evento para noventa convidados, marcando a posse da nova diretoria da Federação das Indústrias do Espírito Santo, realizado também com muito sucesso e repercussão.

Depois de quatro meses morando próximo da praia, voltamos para o nosso apartamento em Vitória, pois precisávamos viver também a realidade urbana, para que dentro desse ambiente pudéssemos criar rotinas alternativas. Quanto ao negócio, realizar apenas dois eventos em quatro meses ajudava, mas não resolvia. Tinha que haver uma saída.

Sabe o que me guiou naquele momento tão difícil para os negócios? Um ativo que sempre trago dentro de mim, que me representa como pessoa e se traduz no meu jeito de olhar a vida: eu nunca perco. Foquei tirar uma lição daquilo. Pensava: *Preciso fazer isso se inverter, aprimorar, melhorar e seguir em frente. Não é isso que sempre faço?* Tentando encontrar uma solução e guiado por esse foco, analisei que talvez fosse o momento certo para sistematizar um método com tudo aquilo que eu já fazia de modo empírico no mundo dos eventos.

Várias ideias e lembranças de eventos que realizei foram crescendo dentro de mim. Fui ficando cada vez mais convencido de que era hora de aproveitar o momento de baixa nos contratos de trabalho e documentar o método de criatividade da Liga, materializar a nossa forma de trabalho, construída com muito estudo e prática. Para isso, tomei duas decisões muito duras. A primeira foi conduzir algumas demissões bastante difíceis, mas necessárias, em função da drástica redução de eventos na época. Mantive apenas o núcleo duro da empresa, para conseguir pensar em uma saída. A segunda foi fazer um empréstimo, colocando o apartamento que morávamos como garantia, para investir na empresa, pois não queria demitir mais ninguém e precisava construir um diferencial que, na minha cabeça, seria um método para produzir eventos memoráveis, eventos UAU.

Qual era o meu propósito com isso? Me fortalecer, encontrar um trunfo para reativar o negócio, que sofreu um baque, como tantos outros, e voltar forte ao mercado quando houvesse a reabertura. Para isso, trabalhei firme na elaboração do método em conjunto com um grande amigo e fera em marketing e mercado, Eurípedes Pedrinha. Ele foi meu consultor por vários anos, e em 2024 tornou-se diretor técnico do Serviço Brasileiro de Apoio às Micro e Pequenas Empresas (Sebrae) no Espírito Santo.

Escrevemos mais de 120 páginas, mas eu continuava naquela inquietude, por ainda não estar produzindo o que eu queria em termos da grande entrega da nossa metodologia. Como o Pedrinha sempre diz, "O segredo está nas perguntas, e não nas respostas". O meu maior desejo era sintetizar em uma única página tudo aquilo que é preciso saber para criar uma solução UAU! Então, entendi que deveria trazer para essa construção, além da minha gerente maravilhosa, Monique Monteiro, também o Gabriel Campos e uma grande amiga, Maira do Vale, que trabalha com *design thinking*, e assim criar uma abordagem nova para resolver problemas complexos aliando criatividade e inovação. Fizemos um workshop com o nosso time e foi surpreendente!

Assim nasceu o canvas de criatividade da Liga, em abril de 2021. Finalmente conseguimos materializar tudo aquilo que a gente fazia empiricamente no mercado de eventos. Demos o nome de **Fábrica de UAU**, por termos a certeza de que, com essa metodologia, poderíamos arrancar das pessoas um elogio espontâneo, soltado sem pensar, pela força do sentimento, e que se materializa na exclamação "UAAAAU!".

Os alicerces da nossa Fábrica de UAU

Para que você perceba toda a força da metodologia da Fábrica de UAU, vou recapitular pontos que destaquei nos capítulos anteriores e aprofundá-los, agregando mais conceitos. Você lembra o que diferencia um evento regular de um evento UAU?

Analise as duas pirâmides a seguir. Qual delas melhor representa um evento UAU?

Pirâmide 1

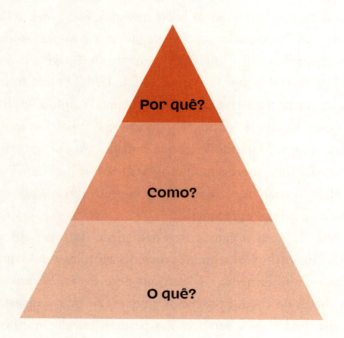

Se você respondeu "Pirâmide 2", está certíssimo e acompanhando bem o meu raciocínio. Um evento memorável, que é o objetivo do nosso método, sempre começa pelo **porquê**, na base da pirâmide, que é uma base sólida. Isso tem que ficar cristalino já na primeira reunião do projeto, somente assim ele se inicia como evento UAU na largada. Do contrário, você realizará somente mais um evento "OK".

Saber o porquê é fundamental. Mais do que as questões operacionais (número de convidados, quando e onde será etc.), é preciso entender a razão de existir desse projeto. A liga principal para fortalecer os três pilares que sustentam um evento memorável são **conteúdo**, **relacionamento** e **experiência**.

Lembra como o profissional de eventos, com a revolução da comunicação, assumiu um papel estratégico? Deixamos de ser **organizadores de eventos e passamos a ser facilitadores de conexões, unindo dois mundos: o do cliente e o do público-alvo que ele quer atingir**. E como fazemos isso? Entendendo profundamente o desejo desse cliente e o que ele quer provocar no cliente dele. A ponte entre esses dois mundos deve estar alicerçada em um **conteúdo** de qualidade, que faça as pessoas se interessarem por esse projeto. É com um conteúdo de qualidade que despertamos nas pessoas o desejo de estar no evento e de absorvê-lo.

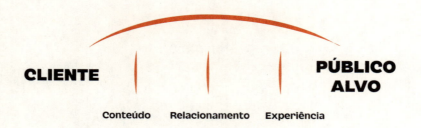

Sendo assim, podemos dizer que o conteúdo é a boca do funil; é o que vai fazer alguém querer estar ou não ali, aceitando ou dispensando o convite. Aqui se concentra a curadoria do evento, com a definição da trilha de conteúdo, além da escolha do mestre de cerimônia ou apresentador, dos palestrantes e das atrações culturais.

Porém, é preciso entender que essas pessoas não vão comparecer apenas pelo conteúdo, e sim por entenderem que nesse evento, pelo modo como foi concebido, vão conhecer ou reencontrar pessoas. Resumidamente, pessoas vão ver e ser vistas por quem impacta e por quem for impactado pelo evento.

É justamente aqui que entra o segundo pilar dos eventos de sucesso, o **relacionamento**. Tal pilar reafirma esse desejo ao oferecer a oportunidade de criar e fortalecer conexões e laços com cada convidado que o participante conhecerá lá. Será uma chance de promover e ampliar networking, um momento que favorece trocar ideias e conhecimentos.

Então chegamos ao terceiro pilar, que é a **experiência**, aquilo que torna o momento memorável. Ao entender claramente o propósito, a razão de existir daquele evento, você consegue criar experiências que expressem e reforcem tudo aquilo que gostaria que os convidados guardassem do projeto e a mensagem que o seu cliente precisa passar para eles. Ao bolar e executar essas experiências, você pode atuar como um alquimista de sentimentos, provocando emoção, reflexão, expectativa, ansiedade, admiração e encantamento. É dentro desse terceiro pilar que você torna tudo mágico e faz as pessoas que tiveram um motivo racional para ir ao evento e se relacionar libertem o lado emocional e se permitam experimentar algo diferente.

Há certas técnicas para fazer essa mágica acontecer, as quais detalharei nos próximos capítulos. Uma muito importante é criar experiências memoráveis por meio de uma boa história. Para isso, é preciso desenvolver um bom conceito, o que exige clareza acerca do propósito que se deseja alcançar. Cria-se um conceito sólido que guiará todas as ações que serão desenvolvidas antes, durante e depois do evento.

A criação de eventos pelo propósito e de propósito

Percebe como tudo está interligado? Gosto de usar a analogia de um iceberg para ilustrar o intangível dos eventos aos olhos dos convidados.

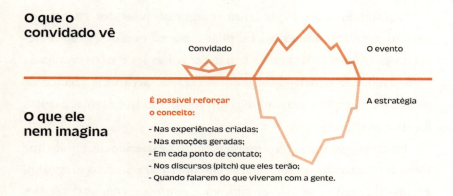

O que o convidado vê e desperta nele a exclamação de encantamento – UAAAAAU! – é só a pontinha do iceberg. Para fazer essa magia acontecer, a parte de baixo, que é o nosso trabalho, é muito maior. Essa porção, que as pessoas não fazem a menor ideia de que esteja por trás de um evento memorável, tem uma razão de existir, um conceito claro que segue o processo da metodologia da Fábrica de UAU.

Deixe-me dar um exemplo. Quando voltei da imersão na Disney, em Orlando, resolvi promover uma palestra para dividir o que vivenciei e aprendi ao visitar empresas fortes por lá. Então, criamos o evento UAU Disney Experience, em parceria com o Shopping Vitória, o maior da cidade. Lotamos uma sala de cinema em pleno dia útil para falar sobre magia, experiências e encantamento do cliente, assuntos que faziam parte da minha vida e ganharam um tempero mais especial após a imersão que fiz nos bastidores da Disney.

A minha ousadia nesse projeto não foi apenas programá-lo para uma terça-feira de manhã. Fui além: após a palestra, as pessoas poderiam assistir ao filme recém-lançado *Divertidamente 2*. A dúvida era se os participantes se permitiriam ficar para a sessão de cinema, mesmo sendo em horário de expediente. Escolhemos essa animação, que é da Disney, porque tem tudo a ver com o tema da palestra e com o que a gente faz, que é provocar sentimentos nas pessoas.

Esse evento gerou mais ensinamentos que vou dividir com você nas próximas páginas. Agora, quero apenas enfatizar como, seguindo os processos da Fábrica de UAU, tudo fica muito mais fácil de criar e de desdobrar quando você embala um projeto pelo propósito (e de propósito).

Prepare-se para a mudança!

Como eu havia planejado, o nosso método de criação UAU foi decisivo para sairmos fortes da pandemia. A vacina contra a covid-19 começou a ser aplicada no Brasil em janeiro de 2021,[7] e a reabertura dos locais foi lenta. Lembro que até agosto as coisas seguiram devagar. Quando o recurso que consegui com o refinanciamento do apartamento estava acabando, os eventos começaram a reaparecer. E tínhamos em mãos a Fábrica de UAU prontinha. Começamos a comprovar que a metodologia mudava completamente os

---

[7] MACHADO, L *et al*. Logo após aprovação da Anvisa, governo de SP aplica em enfermeira a 1ª dose de vacina contra covid-19 no Brasil. **G1**, 17 jan. 2021. Disponível em: https://g1.globo.com/sp/sao-paulo/noticia/2021/01/17/apos-aprovacao-da-anvisa-governo-de-sp-aplica-1a-dose-da-coronavac-antes-do-inicio-do-plano-nacional-de-vacinacao.ghtml Acesso em: 2 jul. 2024.

resultados. Construir projetos com base nela era algo diferente do padrão aplicado pelo mercado, inclusive pelos concorrentes.

Graças a isso, em quatro meses, de setembro a dezembro, tivemos um faturamento 20% maior do que o de 2019 inteiro. Foi um verdadeiro estouro de boiada. E tinha consistência. Em 2022, crescemos 400% em relação a 2021, que já tinha sido o nosso melhor ano. Em 2023, foram 40% a mais que em relação a 2022. Esses números são a prova de que eu estava certo em acreditar muito nos três pilares nos quais embasei a metodologia: **conteúdo**, **relacionamento** e **experiência**. Afinal, somos seres humanos. Eu sabia que, uma vez controlada a pandemia, o mercado reabriria; quando isso acontecesse, o desejo das pessoas de se encontrarem e de vivenciarem coisas novas seria muito grande.

Poder contar com uma ferramenta que explicita o nosso trabalho e valoriza o processo não ajudou apenas a nossa equipe a produzir eventos UAU, mas também fez a diferença na hora de apresentar o serviço aos clientes e conseguir tirar as dores deles, entendendo exatamente o que é necessário para entregar um evento efetivamente personalizado e superar as expectativas. Muitas empresas não têm clareza do próprio propósito; nesses casos, a gente tem que tentar tirar delas esse propósito ou, minimamente, o propósito daquele evento.

Os objetivos da demanda podem até estar claros para o cliente, mas a estratégia, não. É aqui que a gente entra, para auxiliar na estratégia dessa demanda. Afinal, o UAU nas ações e nas experiências criadas para um evento memorável é consequência de uma estratégia bem pensada e cuidadosamente executada, tendo a criatividade como o elemento central do desdobramento do conceito. Como nada disso acontece sem um bom planejamento, pois precisa estar embasado em um processo que incorpore inovação, paixão e um profundo desejo de encantar, cada detalhe precisa ser cuidadosamente considerado desde a primeira reunião de briefing, para garantir que a materialização da experiência resulte em um evento não apenas bom, mas também extraordinário. Trataremos desse detalhamento nos próximos capítulos.

capítulo 5

**Etapa 1:
O briefing
UAU!**

Definir o briefing é o primeiro passo da metodologia da Fábrica de UAU, fundamental para que você consiga obter um resultado único. Vou compartilhar com você como começamos um projeto na Liga de Marketing lançando esta provocação: o que é um briefing perfeito UAU e o que ele tem de diferente dos briefings comuns?

A resposta é a seguinte: ele é focado muito mais em por que fazer do que em simplesmente escolher o que fazer. Outra premissa inegociável é garantir, na reunião de briefing, a presença:

1. De quem tem o poder de decisão, na hierarquia do time do cliente, sobre as soluções que serão criadas a partir da demanda levantada;
2. De quem será o responsável pela aprovação do conceito do evento – geralmente é a mesma pessoa, mas há casos em que são pessoas diferentes.

Para seguir a trilha da primeira etapa da metodologia da Fábrica do UAU, vale se orientar pelo gráfico a seguir, que sistematiza como é a construção do briefing.

CLIENTE

PROPÓSITO
DA EMPRESA

ESTRATÉGIA
DA EMPRESA

DEMANDA

OBJETIVOS
DA DEMANDA

BRIEFING

Para compreender melhor esse processo, considere que as empresas têm um propósito (ou deveriam ter). Com base nesse propósito, elas constroem as estratégias e estabelecem até onde pretendem chegar. Em outras palavras, cada uma cria as próprias estratégias para atingir o propósito maior. Com isso, surgem ações e demandas de eventos. Podemos também trazer aqui a missão, a visão e os valores, caso tenham.

Algo comum é os objetivos gerais da empresa estarem claros; porém, construir uma estratégia específica para o sucesso de cada demanda de evento é um ponto mais complexo, por exigir entender as dores que precisam ser sanadas e estabelecer como "tocar" os públicos envolvidos. Se você não tiver clareza em relação às dores relacionadas àquele contexto e às dos seus públicos-alvo, dificilmente vai conseguir criar um projeto consistente e que supra as necessidades daquela demanda. Por isso, o ponto-chave é ter um bom briefing. E digo isso pela larga experiência de realizar mais de um evento para a mesma empresa, em que a estratégia para cada demanda foi definida utilizando técnicas que aprofundaremos aqui.

> **Importante**: para que você tenha sucesso na trilha de construção do briefing propriamente dito, a primeira coisa que precisa entender é com quem vai se conectar por meio desse evento. A mensagem que terá que passar precisa ser personalizada, para criar ações adequadas a cada público-alvo. Sendo assim, é fundamental saber, quanto antes, com quais públicos lidará.

É provável que você esteja se perguntando: "Como assim? Em um evento, eu falo com mais de um público?". Sim! Um evento não pode somente focar os convidados. Ficou complicado? Então vamos entender melhor essa questão antes de seguirmos para o passo a passo do briefing perfeito.

Entendendo os cinco públicos

Não há apenas um público-alvo em um evento; na realidade, podem existir até cinco. Se você conhece e divide melhor esses públicos, consegue realizar um briefing mais eficiente e, como consequência, criar uma jornada de conteúdo, relacionamento e experiência UAU para cada um.

Os cinco públicos são os seguintes:

1. **Realizador**: quem, de fato, está promovendo o evento.
2. **Patrocinador**: quem fará o investimento (em alguns casos, quem realiza também investe). Em eventos corporativos, a alta liderança, ou as áreas demandantes do evento, costumam ser os patrocinadores da demanda.
3. **Colaborador**: quem está diretamente envolvido no projeto. Engloba tanto o staff do cliente quanto o time de produção, abrangendo também os fornecedores.
4. **Convidado**: quem recebe o convite e vai ao evento.
5. **Espectador**: quem não vai ao evento, mas é impactado direta ou indiretamente por ele.

Realizadores e patrocinadores

Em determinados eventos, esses dois públicos podem se misturar. Às vezes, há um realizador que também é o patrocinador, ou seja, que banca 100% do projeto. Em geral, no quesito financeiro, entram parceiros que estão de alguma forma apoiando o evento.

Em alguns casos, pode haver lideranças da empresa no grupo de quem está realizando o evento e de quem está investindo nele. Por exemplo, quando fiz um estande para uma multinacional em uma conferência de sustentabilidade, quem estava realizando o evento era a empresa, e o investimento vinha de uma área interna focada no tema.

Em outros casos, o evento pode ser autoral, da empresa, e ter vários patrocinadores. Um bom exemplo está no Capítulo 4, quando mencionei a palestra que fiz dentro de uma sala de cinema sobre os aprendizados que tive no curso da Disney, seguida da exibição do filme *Divertidamente 2*, recém-lançado na época. Para realizar esse evento, a Liga de Marketing contou com um parceiro fundamental, o Shopping Vitória, que investiu no projeto, além de fornecedores parceiros.

Outro exemplo são eventos de endomarketing, quando o foco está na equipe interna, e ter o apoio dos gestores e dos cargos de liderança é determinante para o sucesso do evento. Se eles não "comprarem" o projeto e não o apoiarem, se engajando e incentivando a participação dos subordinados, a possibilidade de o investimento se tornar uma despesa é muito grande. É por isso que dizemos que os líderes também são patrocinadores dos eventos de endomarketing, já que dificilmente essa demanda se concretizaria, e teria sucesso, sem esse importante apoio.

Colaboradores

É imprescindível criar uma jornada também para os colaboradores. Na ação com o Shopping Vitória, por exemplo, havia duas colaboradoras de lá envolvidas no evento, e três pessoas da Liga, fora os fornecedores.

Os colaboradores podem ser da parte do cliente, da parte do patrocinador, do time de produção e, principalmente, de toda a cadeia de fornecedores. Outro exemplo: em um evento gigantesco que fiz para a cooperativa Sicoob, havia cinco pessoas do time de marketing deles trabalhando conosco, além da gerente, que participava diretamente das principais decisões.

Há também os colaboradores de fornecedores que participam ativamente do projeto e têm algum contato com o cliente, os patrocinadores ou os convidados. Todos precisam estar na mesma trilha de entendimento do evento, pela qual são passadas as informações necessárias para o sucesso e o encantamento de todos os envolvidos.

É uma diversidade de pessoas, e você deve construir para cada uma delas uma trilha específica, a fim de que exista sinergia e os resultados desejados sejam alcançados. É importante fazer todos que colaborarem para a realização do evento UAU compreenderem o propósito do projeto e o que ele abrangerá. Para isso, você deve criar uma jornada para eles também. Na Liga, temos um manual de boas práticas e fazemos reuniões de alinhamento para explicar como cada um deverá trabalhar, por que, o que fará e quando, em prol do resultado planejado. Isso inclui detalhes como onde dormir, o que beber, quais serão os horários etc. Exige traçar uma trilha para que a colaboração seja bem-sucedida. Além disso, explicamos o conceito do evento, os objetivos, a importância da cortesia no atendimento e a programação detalhada, para que todos possam contribuir para que a magia do evento seja um verdadeiro UAU!

Convidados e espectadores

O quarto público é o que vai viver a grande experiência, é quem recebe o convite, o aceita e prestigia o evento. É para os convidados que o evento é feito. Porém, não podemos nos esquecer de um quinto público, que é impactado à distância. Todos que acompanham um evento pelas redes sociais, por outras mídias ou que são impactados pelo evento de modo indireto são espectadores. Fazem isso por interesses ou motivos específicos, como ser amigos ou parentes de alguém relacionado ao evento ou ser fãs do cantor que está se apresentando no palco. Eles podem não ter sido convidados nem fazer parte de uma seleta lista, mas em tempos de internet ficam sabendo do evento e assistem aos melhores momentos de "camarote". Além de consumirem aquele conteúdo, muitas vezes escrevem comentários e repostam o que curtiram nos canais virtuais.

Uma dica: dê atenção à lista de espectadores, pois ela pode contemplar empresas com o potencial de serem patrocinadoras e até mesmo contratantes futuras.

Em eventos corporativos, é importante ter cuidado com a repercussão que a empresa terá nas redes sociais, sobretudo por causa dos clientes ou, se for um evento de endomarketing, de parentes dos funcionários. Em eventos institucionais e de lançamentos, o objetivo maior é render o máximo de mídia espontânea e de impacto nas redes sociais; por isso muitos utilizam a estratégia de convidar influenciadores para que façam postagens relacionadas à marca e transformem os próprios seguidores e fãs em grandes espectadores desse acontecimento.

Como você deve ter percebido, é necessário ter atenção dupla, para gerar conteúdo circulante além dos limites físicos do evento e propiciar que isso ocorra de maneira positiva, por exemplo, preparando espaços instagramáveis. Para dar um exemplo clássico, considere o Rock in Rio, que recebe cerca de 1 milhão de pessoas. Dessas, quantas fazem fotos e vídeos no evento? Com isso, quantos milhões são impactados direta ou indiretamente por uma foto postada tendo a roda-gigante do Itaú ou a tirolesa da Heineken ao fundo? Quem vê esses registros se torna o público-alvo em potencial, em dado momento, para os realizadores e patrocinadores daquele projeto.

Um jovem que não conta com a possibilidade de ir ao Rock in Rio vê a postagem de um amigo, de uma pessoa famosa ou de bandas que curte e começa a receber vários conteúdos no Instagram sobre o festival. Esse jovem não foi ao evento, mas foi impactado pela repercussão, que tem a ver com o **porquê** do projeto.

Por que é importante pensar na interação entre esses dois públicos? O custo unitário dos convidados costuma ser alto. Em grandes eventos, o céu é o limite em termos de investimento por pessoa.

Então, é preciso criar experiências e ações para que todos os presentes se sintam motivados a filmar e fotografar o que estão vivenciando, para que tenham o prazer e o desejo de mostrar que estavam naquela oportunidade e postar nas redes sociais. Assim, o custo de investimento é consideravelmente diluído.

Imagine realizar um evento para 300 convidados que custará 500 reais por pessoa. Estamos falando de um investimento de 150 mil reais. Se os presentes compartilharem impressões com mil amigos virtuais (em média), o alcance será de 300 mil pessoas. Assim, o custo que era de 500 reais por pessoa pode cair para 2 reais. Conseguimos fazer esse cálculo mais facilmente em projetos autorais, por sabermos o tamanho da nossa rede de contatos e a audiência nos nossos canais virtuais. Quando trabalhamos para um cliente, sempre procuramos conhecer esses números, embora nem sempre eles sejam revelados.

Quero retomar o evento de 60 anos da Câmara de Dirigentes Lojistas de Vitória (CDL Vitória). A ideia era celebrar a história dessa entidade e, ao mesmo tempo, apontar para o futuro, seguindo a mensagem "Dos 60 ao 6.0". O que fizemos? Colocamos lâmpadas de filamento e de LED, letras, imagens em neon... Mesmo que os convidados não percebessem esses detalhes intencionais, eles gostavam do efeito, tiravam fotos e postavam. Ao mesmo tempo, reagiam comentando: "Que ambiente bonito, tecnológico, hein?".

Você gera reações como "Nossa, como ficou legal!" ao explorar símbolos e materiais que remetem ao passado e ao presente juntos e em sinergia. Para que as pessoas digam "Que evento moderno e diferente!", você precisa criar a cenografia *linkada* ao conceito e ao tema. Frases como "Esse detalhe fez toda a diferença" vêm quando os convidados e os espectadores percebem o capricho empregado naquele projeto. Esses comentários têm que ser ditos com base na nuvem de sentimentos que o cliente espera vivenciar. Você tem que captar isso logo no início, quando reúne as informações no briefing, para que consiga criar um projeto que provoque essa consequência.

Desvende o que o cliente realmente quer (e de que ele precisa)

Para construir o briefing UAU, comece fazendo uma reunião para entender profundamente os desejos e as dores que há no projeto. Na maioria das vezes, o cliente não tem clareza da estratégia da demanda, e uma maneira de perceber isso rapidamente é perguntando: "Por que você pensa em fazer o evento dessa maneira?".

Nessa reunião, o profissional de eventos precisa desvendar o propósito da empresa, a missão, a visão e os valores, além dos objetivos da demanda solicitada, para que possa extrair o necessário para construir o briefing perfeito. Para isso, apresento uma ferramenta que vai ajudar: as perguntas que compõem o canvas de criatividade da Fábrica de UAU.

TEMA/CONCEITO PALAVRAS MÁGICAS	OBJETIVOS/ ATRIBUTOS DA MARCA	REQUISITOS	COMUNICAÇÃO	HISTÓRICO (EXPERIÊNCIAS ANTERIORES, DORES E PROBLEMAS, PONTOS POSITIVOS)	SENTIMENTOS QUE DESEJAMOS PROVOCAR NOS PARTICIPANTES
PÚBLICO/ PARTICIPANTES (REALIZADOR, PATROCINADOR, CONVIDADOS, COLABORADORES E ESPECTADORES)				VARINHA MÁGICA	MÉTRICAS DE SUCESSO (QUANDO DEU LIGA?)
PREFERÊNCIA DE LOCAL E DATA	PARCEIROS ENVOLVIDOS		VERBA DISPONÍVEL/ FONTES DE RECEITA	RISCOS	

Etapa 1: O briefing UAU! 107

Acesse e imprima o canvas de criatividade da Fábrica de UAU ao escanear o QR Code ao lado.

Eu prefiro utilizar no modo canvas, pois assim consigo ter todas as informações necessárias em uma única página. Porém, como esse canvas que elaborei nada mais é do que um checklist, você pode usá-lo em planilha, apresentação e até mesmo apenas em texto. O importante é usar.

É determinante fazer essas perguntas na primeira reunião de briefing com o cliente, assim como no início de um evento autoral. As perguntas são simples, mas são um jeito infalível de fazer eventos memoráveis. Com elas, já realizei mais de duzentos projetos. Nossa taxa de acerto em criar o conceito do evento de primeira é superior a 95%; os 5% restantes, a gente fecha de segunda. Inclusive, a gente só não acerta de primeira quando o cliente que aprova a campanha não participa da fase do briefing ou quando a verba do evento não é informada. Por isso é tão importante ter a presença dos decisores na reunião da metodologia da Fábrica de UAU e contar com todas as informações iniciais preenchidas devidamente.

As perguntas-chave

A seguir, vou listar perguntas com *cases* que já realizei, para ficar mais tangível para você.

✳ Quais são as cinco palavras-chave do evento?

Você deve captar os desejos do cliente e os primeiros insights para criar a nuvem de palavras mágicas que definirão o conceito do evento. Essas palavras-chave vão influenciar a decisão de colocar elementos diferentes nas ações e experiências; por exemplo, nos ambientes instagramáveis. Na comemoração dos 60 anos da CDL Vitória, os três maiores desejos da associação foram expressos nestas palavras-chave: comemoração (aniversário, celebração), legado (conquistas, histórias) e modernidade (inovação, tecnologia).

✳ Qual é o propósito do cliente?

Toda empresa tem um propósito, ou deveria ter, então o conceito do evento não pode estar desconectado disso. Por exemplo, o propósito da ArcelorMittal é "Aços inteligentes para as pessoas e o planeta"; por isso, em cada ação, em cada ponto de contato dos eventos desse cliente, é necessário reforçar esse propósito.

✳ Quais são os objetivos ou atributos dessa demanda?

Como partimos dos objetivos e dos atributos para realizar a demanda, eles precisam estar claros para o cliente e para todos os envolvidos. Quando realizamos o evento "Território Rhino, desbrave o intangível" para o Grupo Rhino, o principal grupo de securitização do Espírito Santo, o objetivo era gerar um conteúdo de qualidade que despertasse o desejo dos convidados (empresários e grandes investidores) de estar ali, participando de uma conversa sobre liderança, resiliência e persistência.

✳ Quais são os requisitos ou as premissas desse projeto?

Os requisitos determinarão certas obrigatoriedades nas peças criadas para o evento, na decoração, na escolha da data ideal... Já ouvi premissas do tipo: "Preciso que seja na primeira semana de outubro, porque na segunda quinzena focaremos o demonstrativo de resultados". A data pode ser condicionada a outros fatores, como ter a presença do presidente, do prefeito ou do governador. Outro requisito tem a ver com a escolha das cores: determinado tom deve ser explorado ao máximo porque é o dominante no logo da empresa, enquanto outro não pode ser usado porque está associado ao principal concorrente.

Há ainda outras questões. No caso do Grupo Rhino, o público-alvo está acostumado a acessar informação de economia e política com rapidez; por isso, como premissa do projeto, precisávamos levar um palestrante que fosse autoridade no assunto, mas com uma temática não convencional, que despertasse nos convidados o desejo de confirmar presença no evento.

✺ Quais são os canais de comunicação previstos para esse projeto?

Não adianta criar uma ação de e-mail se o canal mais forte do cliente com os convidados for o WhatsApp. Esse tipo de cuidado é possível quando se entende minimamente, na reunião de briefing, quais são os canais mais utilizados pelo cliente, para que seja possível fazer um direcionamento mais eficiente de comunicação. Para as convenções de vendas que organizamos anualmente para a Imobiliária Lopes, por exemplo, uma das maiores do Brasil, focamos a comunicação interna, por meio de convite digital com um vídeo. Um lembrete importante que sempre gosto de reforçar é que o convite é a peça-chave do evento. Quanto mais imponente ele for, maior serão a expectativa e o desejo de confirmar presença.

Há ainda outros canais de comunicação que podem ser explorados, como redes sociais, mídias tradicionais, relações públicas, assessoria de imprensa, além dos canais internos de comunicação.

✳ Qual é o histórico do evento?

Sempre peça ao cliente que conte as dificuldades de edições anteriores, bem como desejos não realizados, além de ações que deram certo e que ele gostaria de repetir. Ao ouvir o histórico do cliente, busque entender o que deu muito certo e o que deu muito errado com relação a horário, local, estrutura etc. Essa é uma forma de conhecer as dores desse cliente para poder eliminá-las ao planejar o evento UAU. Aqui costumam entrar também muitas informações de eventos realizados por concorrentes e outras empresas que o inspiraram.

✳ Que sentimentos você quer provocar nas pessoas?

Aqui começamos a entrar mais a fundo nos reais motivos da realização do evento. Para ajudar o cliente a responder, sugira que ele imagine o evento acontecendo e pense nas pessoas que estão nele. Em seguida, pergunte: "O que você gostaria que elas dissessem em um churrasco no dia seguinte?". Assim você consegue recolher os sentimentos para colocar na caixinha das emoções que quer provocar nas pessoas por meio das ações.

No evento que fiz para o Sicoob ES, chamado "Aproximar para evoluir", por exemplo, a ideia era provocar os sentimentos de pertencimento e de proximidade, mesmo que o convidado fosse de uma agência mais distante da central ou novo na cooperativa. Precisávamos reforçar esse conceito em cada ponto de contato e atração. Agora imagine se levássemos um artista que não interagisse com os convidados

Etapa 1: O briefing UAU!

e que não tivesse o carisma da proximidade. A atração principal foi um show do cantor Thiaguinho, que é afetuoso, cativante, demonstra humanidade, faz músicas bonitas, alegres, com letras que não agridem nem ofendem. É um artista diferenciado, sem dúvida.

Nas redes sociais, reverberamos um pouco disso ao mostrar cenas de bastidores do show, com o Thiaguinho cumprimentando as pessoas, tirando fotos, sorrindo sempre. Ele estava com um figurino inteiramente verde, que é a cor do Sicoob, em uma gentileza à promotora do evento e por iniciativa própria. Em dado momento, ele viu que estavam distribuindo óculos para a plateia, pediu um e usou durante o show, para a loucura dos convidados, e principalmente a nossa. Para os presentes no evento ou quem acompanhou pela mídia, o cantor só passou boas energias, o que combina com os valores do cliente e com a mensagem que queríamos transmitir no evento.

Marcelo Marrom, que foi o apresentador do auditório, também é um cara alegre, animado, comunicativo, motivador. Ele interagiu usando a comédia, cantou, divertiu a plateia com histórias, brincou com todo mundo. A atriz Giovanna Antonelli fez uma palestra em que falou de espiritualidade e valor humano, interagiu, foi para a plateia e até deu presentes em uma das dinâmicas. O executivo de marketing João Branco falou sobre propósito, sobre buscar o algo a mais, a própria razão de existir, a paixão pelo que faz.

Consegue perceber como a mobilização de todos esses sentimentos contribuiu para fazer as pessoas se aproximarem mais do Sicoob para evoluir em conexão direta com o conceito do evento?

✹ Quais são os riscos? Quais são os maiores desafios?

Já tratamos da importância de mapear todos os riscos, como chuva ou muito sol no dia planejado para o evento. Com base nisso, se o cliente pretende realizar o evento em auditório próprio, você precisa conhecer as condições do local, a fim de que a equipe saiba como lidar com intempéries climáticas, caso elas aconteçam.

Outro risco é de haver baixa presença de convidados, então você precisa extrair do cliente pistas que orientem ações de prevenção. Sugestões de perguntas são: "Considerando o perfil do seu público, você acredita que ele se engaja bem com seus projetos ou devemos fazer convites para 20%, 30% a mais?"; "O seu público está acostumado a ir a eventos à noite, como você está desejando fazer?"; "Fazer esse evento no fim do mês pode ser arriscado para esse público, considerando a possível falta de recursos antes do pagamento?"; "É um período mais chuvoso ou de tempo firme?".

Confrontando o cliente com várias hipóteses, você consegue levantar todos os eventuais riscos que podem colocar em xeque o evento. Há questões que podem passar despercebidas, por isso exigem atenção. Por exemplo: você já checou, na agenda do presidente da empresa, se ele vai estar disponível no dia? Já confirmou se não há outros eventos importantes previstos em data próxima no setor ou na empresa? Existe algum evento que pode conflitar com esse projeto?

※ **Em quem você se inspira e quem são os seus concorrentes?**
Saber quem mais inspira o cliente e quem mais o incomoda dá insumos para seguir por caminhos satisfatórios, e não errados. Por exemplo, o cliente pode achar maravilhosos os eventos de determinada empresa porque eles exploram muito bem a iluminação, tanto que a vários bairros de distância é possível ver o efeito das luzes no céu e identificar a fonte delas. Esse é um insumo que permite criar algo similar. Em compensação, deixa fora de cogitação convidar o mesmo artista que se apresenta nos eventos do maior concorrente.

✸ Quando e onde você imaginou fazer o evento?

Muitas vezes o cliente opta por realizar os eventos sempre no mesmo lugar, que pode ser até as dependências da própria empresa. Você precisa estar atento e verificar se o local desejado inicialmente pelo cliente está em sintonia com os objetivos e os propósitos do evento. Se ele quer inovar, não pode realizar o evento no lugar de sempre, por exemplo. Isso permite, inclusive, que você sugira outros espaços mais adequados ao conceito que vai criar. Foi assim com a Imobiliária Lopes, e vou contar a história completa adiante.

Use o poder da varinha mágica

Há uma pergunta-chave que gosto de deixar para o final, por ser estratégica. É a seguinte:

✸ Se você tivesse uma varinha mágica, o que faria? Esqueça dinheiro e qualquer tipo de limitação.

Com essa resposta, você colhe as pistas para fazer a magia acontecer. Já vi casos em que o desejo inicial do cliente era realizar um café da manhã. Ao ser indagado a respeito da varinha mágica, ele disse que gostaria mesmo é de que o evento fosse no fim do dia, com o sol se pondo como cenário. Fizemos o ajuste, pois fazia sentido, considerando o conceito desejado.

Também já tive cliente que desejava um show de fogos de artifício no encerramento. Precisei lembrá-lo de que o local escolhido era uma área residencial, então não havia nem chance de executar o pedido. Porém, saber desse desejo me fez entender que o verdadeiro sonho dele era ter um final inesquecível. Então, eu disse:

— Tenho uma ideia! Não são os fogos que você estava pensando, mas podemos fazer uma iluminação de alto impacto para você anunciar uma surpresa final; em seguida, passamos um vídeo com a compilação de todo o evento, gravado e editado minutos antes, com uma trilha criada dentro da temática e gravada enquanto acontecia o evento, para fechar com chave de ouro.

— Adorei a solução — ele respondeu, muito animado.

Percebeu como vale a pena ir decifrando o que o cliente quer, para construir um briefing perfeito? Na maioria das vezes, ele sabe o que não quer, mas não sabe exatamente o que quer. Então, perguntando e interpretando os desejos do cliente e do público-alvo, é possível adequar, inovar e criar ações que garantam o efeito UAU.

Com a simbologia da varinha mágica, você o liberta, principalmente, da limitação financeira. Eu brinco que é para esquecer por um instante o custo e imaginar que o superior ficou maluco e deu carta branca para realizar o maior desejo dele com o evento. Qual seria? Quem ele colocaria no palco? Onde realizaria? Dessa forma, consigo captar o sonho e a emoção desejados, para que possa atendê-los dentro do possível, desde que haja sinergia com o conceito do evento, ou dar alternativas viáveis e adequá-las à realidade, criando surpresas memoráveis.

Esse é outro grande segredo da magia UAU. Muitas vezes, eu reduzo a expectativa para poder entregar algo surpreendente, que não estava em contrato, no próprio evento. Certa vez, levei o Bernardinho, treinador multicampeão de vôlei, para um evento. Fiz isso porque, na reunião de briefing, soubemos que o presidente da empresa sonhava em ter a presença desse ícone do esporte brasileiro. Então fizemos mais do que isso. Em segredo, compramos uma bola da marca oficial das competições mundiais de vôlei. Em dado momento, no camarim, na presença da diretoria e dos líderes, surpreendemos o presidente com o presente, e o Bernardinho autografou na frente dele. O presidente ficou radiante com a bola e com o atleta que tanto o inspirava. Hoje, a bola faz parte da decoração da sala dele na empresa.

Perceba que a ação fez esse executivo passar da razão para a emoção em segundos, tendo um momento único que ele vai guardar na memória para o resto da vida. Com certeza ele contará para os netos sobre "o dia em que promovi uma palestra do Bernardinho e ganhei uma bola autografada". Em algum lugar do subconsciente dele, provavelmente está gravado: "O time da Liga de Marketing é sensacional. Eles me deram uma bola oficial, pediram para o Bernardinho autografar na minha frente e me deram de presente para que eu colocasse como um troféu e uma lembrança deste evento na minha sala!".

Descubra qual é a verba disponível

Outra pergunta determinante que reservo para o fim da reunião é esta:

※ Qual é o investimento previsto para o evento?

Esse é o ponto mais complexo, pois muitos clientes não querem dizer. A grande questão é que, sem essa informação, é bem provável que você tenha que fazer dois projetos, e já falamos disso, lembra? Porém, felizmente existem técnicas para sair dessa sinuca.

Uma delas é contar com o engajamento de quem tem o poder de decisão desde o início do processo. Quando o gestor participa da reunião e é o decisor, você alcança mais de 95% de efetividade e aprovação na primeira apresentação da proposta para o evento. É impressionante! Por isso, o primeiro cuidado a ser tomado é este: quem aprova tem que participar da reunião de briefing. Isso é atualmente inegociável na Liga de Marketing.

Com experiência, é possível conseguir as respostas em uma única reunião, de uma hora a uma hora e meia, para todas as perguntas que sugeri. Entretanto, pode demorar mais se o cliente não gostar de entregar o valor do investimento disponível. Realmente, o maior gargalo enfrentado é o da verba escondida. Sem isso, o projeto precisa ser montado duas vezes em 100% dos casos.

Para descobrir um valor, eu explico que, sem ao menos um norte financeiro, não consigo iniciar o projeto. Então tento exemplificar com algo relacionado ao negócio dele. No caso de uma imobiliária, se eu quero comprar um apartamento de três quartos, com uma suíte, 150 metros quadrados e no bairro tal, o corretor precisa saber qual valor eu tenho disponível para investimento, a fim de que possa me apresentar um apartamento novo ou usado. A depender do que estou disposto a investir, será no meu bairro dos sonhos, em um bairro mais nobre ou mais afastado. Se eu apenas disser: "Faça uma busca geral", a depender do quanto estou disposto a investir, o prédio não terá nem elevador. Mas, se o corretor entender profundamente o investimento mediante as informações anteriores, poderá buscar um apartamento que faça muito mais sentido para mim.

Outro exemplo: se eu quero levar a minha esposa para jantar e peço uma sugestão de restaurante a alguém, como essa pessoa vai me recomendar um lugar incrível sem saber de qual tipo de culinária ela gosta e, principalmente, quanto estou disposto a gastar?

Se percebo que a empresa pretende desembolsar um valor irrisório, descortino a realidade com uma informação concreta. O diálogo geralmente fica mais ou menos assim:

— Um evento para cem pessoas está de bom tamanho para você?

Etapa 1: O briefing UAU!

— Sim!

— Então vamos lá. No perfil que você deseja, seriam necessários uns 300 mil reais para investir.

— Está doido, rapaz?! O que é isso?

— Não tem tudo isso? Está bem. Então, uns 250 mil reais?

— Não! Ficou maluco, cara?

— Uns 80 mil reais?

— Acredito que um pouco mais. Até 100 mil reais seria o ideal.

— Cara, com 100 mil reais você não conseguirá oferecer as experiências desejadas para cem pessoas no perfil de evento que conversamos. Vamos projetar algo que fique entre 100 mil reais e 150 mil reais? Assim criaremos ações extras para você validar depois. Podemos seguir assim?

— Fechado!

Com esse acordo, o que estou pretendendo fazer? Estou tirando o fator UAU e mantendo apenas o essencial de um projeto, dentro do orçamento de até 150 mil reais, mas colocando em paralelo ações incríveis que podem superar o investimento. Eu quero mostrar a esse cliente que ele deve decidir o que quer e o que não quer. Isso é possível porque eu consegui que ele me dissesse minimamente qual é o valor que pretende investir.

Se fossem 30 mil reais, eu agradeceria, mas alegaria:

— Você quer fazer um coquetel para cem pessoas com 30 mil reais? Sinto muito, mas não dá. Só o bufê custa de 150 a 200 reais por pessoa.

— É mesmo? Eu não tinha ideia.

— Temos ainda os custos com o local, a iluminação, a atração musical, o convite…

— Verdade…

— Se você não puder investir o mínimo para ter algo próximo ao que o seu sonho está projetando, talvez esse não seja o momento de fazer o evento. Ou pode ser que você precise reconsiderar seus parceiros. Você não consegue investir 100 mil reais e buscar parceiros estratégicos que invistam mais 100 mil reais?

E aqui entramos em outra questão importante: "**Quem são os parceiros estratégicos? Quem são os stakeholders?**". Ao envolver terceiros interessados, você tem outro caminho para construir o projeto. Fazer a pergunta da varinha mágica ou questionar o investimento pode dar a ideia de viabilizar os desejos do cliente atrelando a verba à de parceiros estratégicos. Assim, o evento pode ficar muito maior.

Por isso, lanço a ideia: "Quem são seus dez maiores fornecedores? Eles não têm interesse em atuar com você nesse evento, já que também vão ganhar se você prospectar mais clientes?". Além desses parceiros estratégicos, vale sugerir atrair os stakeholders, que são pessoas, empresas e instituições impactadas pelo resultado do projeto, que influenciam ou são influenciadas de alguma maneira por ele.

Faça os devidos ajustes

Outra questão que sempre aparece na hora do briefing tem a ver com aquele cliente que vem com uma ideia pronta, muitas vezes não alinhada com o propósito do evento. Isso precisa ser ajustado. Como? Tente entender se o cliente usa serviços de uma agência de publicidade e propaganda, se quem vai criar o conceito do evento será você ou ele. Se for você, há metodologia específica para isso. Se ele já tiver um conceito criado, procure entender qual é e avalie se combina com o briefing que está recebendo.

Se o que o cliente quer alcançar faz sentido em relação ao que ele está pedindo para você fazer e ao que ele planeja investir, faça um evento UAU com base no conceito dele. Se o conceito que ele apresenta está desconexo das premissas, mostre isso com argumentos. Por exemplo: "O local que você está propondo não condiz com a premissa de luxo"; "Os canais de comunicação previstos para o projeto não combinam com o que, de fato, você precisa"; "O público-alvo que você está trazendo para o projeto não combina com o seu desejo e com o que as suas vendas têm representado".

Quem faz eventos estratégicos precisa entender de marketing, mas atua um pouco como consultor, dando e pedindo referências do que o cliente já fez, para ter uma ideia do histórico de eventos dele. Nesse sentido, uma estratégia que costumo usar, quando sinto necessidade, é abordar o que os concorrentes dele estão fazendo em eventos. Dessa forma, consigo ajudá-lo a decidir como quer se posicionar no mercado.

Algumas perguntas cabíveis nessa hora são as seguintes:

- Todo mundo está indo por aqui. Você quer ir por qual caminho?
- Qual será o seu diferencial?
- Você está certo dessa decisão? Vamos criar o conceito com base nisso.

Assim, compile o briefing e envie para o cliente revisar e aprovar. Depois, parta para a criação do conceito. Nessa fase inicial, às vezes é necessário fazer uma revisão da essência da empresa, de qual é a estratégia de crescimento, o posicionamento etc. Às vezes, você terá que fazer um exercício de *branding* com ele. Faz parte. Nem todos os clientes têm clareza da própria cultura, por exemplo.

Então, pode ser que essa primeira etapa tome um pouquinho mais de tempo; o importante é você sair dela com um briefing pronto para dar aquele passe açucarado rumo ao próximo lance, que é a criação do conceito.

Na vida, leva-se um bom tempo para as coisas acontecerem de repente.

Por isso, aproveite cada momento da jornada como se fosse a linha de chegada.

FANTÁSTICA FÁBRICA DE UAU
@bragamkt

capítulo 6

**Etapa 2:
Da concepção
ao desdobramento
do conceito**

Depois do briefing perfeito, é hora de criar o conceito perfeito. Estou falando daquele conceito que é expresso em uma frase de alto impacto e consegue traduzir os mais profundos desejos do cliente. Quanto mais lúdico ele for, e esse será o grande "pulo do gato", mais fácil será derivá-lo nas ações e em toda a jornada do evento. No entanto, preciso dizer que nem todos os projetos ou clientes têm flexibilidade para aceitar conceitos altamente criativos. Então, como saber se há margem para ser mais criativo ou mais tradicional? Analisar o histórico dos eventos já realizados e as respostas para as perguntas na reunião de briefing dá essa noção.

Já adianto uma dica: para criar essa frase poderosa, você pode recorrer a técnicas de redação publicitária, e falarei de algumas mais adiante, usando palavras-chave que colheu na reunião de briefing com o cliente. Esses termos são fundamentais para essa fase do processo criativo.

Dito isso, vamos iniciar o passo a passo para a construção e o desenvolvimento do conceito de um evento UAU, avaliando uma solução criativa e viável de planejar. Neste capítulo, explicarei como avançar na segunda coluna da trilha proposta pela metodologia da Fábrica de UAU, conforme o canvas de criatividade da página 107.

Cruze o máximo de informações e tire a dor do cliente

A Fábrica de UAU nasce no briefing, porque o segredo dela está nas perguntas que devem ser feitas. Como vimos, o primeiro passo é entender profundamente a dor do cliente para poder ir destravando-a, eliminando-a no evento que começa a ser criado, para, assim, definir a estratégia da demanda. Fazendo uma analogia dessa fase de briefing com a saúde, é como se você procurasse o médico do cliente para ter um diagnóstico dele. Quanto mais certeiro, melhor para o paciente/cliente. Com eventos não é diferente.

O segredo de um bom evento está em fazer um bom diagnóstico com base nas respostas do cliente, partindo do pressuposto de que você tem as competências para decifrar todas as dores e os desejos que elas expressam e, com isso, fazer a magia acontecer. Ao chegar à segunda fase do processo e criar o conceito, é preciso alimentar o departamento de criação com mais informações: o que é a empresa, o propósito e a missão, quais são os valores da empresa, o que ela vende e para quem vende, qual é o foco, quais são os sonhos do cliente para o evento, as dores que precisam ser supridas, os desejos mais profundos e como ela encara os concorrentes.

Todas essas informações ajudam a compreender, profundamente, a demanda, que pode ser uma convenção de vendas, um lançamento de produto, um evento de endomarketing, o estande em uma feira… Você compreende também que os objetivos dessa demanda referem-se a atingir uma estratégia da empresa. As dúvidas geralmente surgem na primeira reunião de briefing, ao explicar essa relação, de modo a justificar por que o cliente está pensando em fazer o evento dessa ou daquela maneira. Se a estratégia da demanda parecer "solta" e não houver clareza sobre ela, revela-se uma dor do cliente. Quando você entende isso, todo o restante fica mais fácil.

Por isso, reforçando o que já conversamos no capítulo anterior, é fundamental não deixar pontas soltas que gerem novas dúvidas, fazendo as perguntas-chave que ajudam a entender exatamente o que o cliente deseja. Além disso, você precisa acionar uma boa dose de feeling para captar o que é dito nas entrelinhas, a fim de colher e entregar à equipe de criação as percepções mais certeiras. Quando o desejo do cliente não está tão claro, você pode fazer algumas ponderações e ajudá-lo a chegar às informações necessárias para criar um projeto UAU.

Quer um exemplo? Imagine este diálogo:

— Eu quero fazer um evento moderno.

— Por que você tem o desejo de que seja um evento moderno?

— Porque tenho percebido a entrada de empresas novas no meu mercado e não gostaria que a minha fosse vista como antiga.

Com base nessa informação, procuro entender se a empresa dele está fazendo jus a esse conceito "moderno" que ele deseja transmitir. Às vezes, não será isso que fará a empresa competir com os estandes dos concorrentes em uma feira, mas sim reforçar a confiança, a credibilidade, a segurança e o lastro adquiridos pela marca ao longo de anos de atividade. Cada empresa é única e tem um jeito especial de cativar os clientes.

Um tempo atrás, fui contratado pela gerente de recursos humanos de uma empresa de revestimentos. Ela queria fazer a convenção de vendas anual de granito dentro de um mês, quando estaria ocorrendo uma feira importante do setor. Ela disse:

Etapa 2: Da concepção ao desdobramento do conceito

— Quem me passou o seu telefone garantiu que você entende bastante disso.

— Por que você acha que fazer a convenção da empresa na mesma época da feira vai nortear os seus colaboradores a elevar a performance de vendas? E o que, de fato, é preciso alinhar com todos da sua equipe para que cheguem a esse evento "na mesma página"? — eu perguntei.

Eu precisava entender profundamente quais eram as dores da empresa de mármore e granito, quais eram os desejos e as vontades dela naquela feira, para em cima disso criar um conceito dentro do qual teríamos uma história que seria bem contada.

Aqui reforço uma dica muito importante. O poder de fixação e de impacto da mensagem é consideravelmente ampliado quando se conta uma história. Sabendo disso, qual história você pode contar? Qual história a empresa quer contar? No caso da empresa de revestimentos, eu vi no manual de marca dela que ela era muito inovadora. Daí perguntei:

— Até que ponto os seus clientes entendem que, de fato, vocês são inovadores? Quais são os pontos de contato claros que a marca tem colocado na jornada do cliente mostrando essa inovação? Os colaboradores também entendem que vocês são inovadores? Se formos fazer um evento, teremos que transmitir inovação.

Algumas considerações para criar o conceito perfeito, nesse caso, poderiam ser: como dizer que a empresa é inovadora e, ao mesmo tempo, fazer o evento em um local convencional? Os palestrantes escolhidos para a convenção vão falar de temas inovadores? Como isso vai colar na realidade dos colaboradores para que eles pratiquem essas inovações no dia a dia?

Ao aprofundar essas questões na primeira reunião com a gerente de Recursos Humanos, detectei que a dor estava relacionada à necessidade de os vendedores agirem de modo inovador e de manter essa postura. Quando fiz algumas daquelas perguntas do canvas da criatividade, pude perceber que não havia um consenso quanto a isso. Quando conversamos sobre incluir uma atração no evento, ela disse que a empresa queria convidar uma arquiteta para fazer uma apresentação técnica sobre as novidades do setor. Eu ponderei:

— Tudo bem, essa apresentação é muito importante dentro da jornada que vamos construir. Se eu entender todos os seus desejos, as suas necessidades e principalmente as dores de uma venda, deverei concluir que ter uma arquiteta, que certamente vai falar sobre questões específicas do produto, pode não ser o suficiente. A menos, por exemplo, que ela faça uma apresentação técnica inovadora.

— Por quê?

— O seu time de vendas está alinhado ao básico da empresa, e qual é o propósito dela? Será que todo mundo entende que essa empresa não vende apenas granito, mas também (e principalmente) status, elegância, sofisticação, solidez, suporte, confiança e credibilidade, oferecendo não apenas uma venda, mas uma consultoria estruturada aos seus clientes?

Eu expliquei a ela a importância de entender todos os desejos que se quer atender com um projeto como aquele e que eles não se resumem a querer fazer o evento esperando que as pessoas cheguem à feira com metas. É preciso que elas consigam absorver profundamente a razão de existir da empresa e o que a faz estar entre as top 10 do mercado brasileiro. Se os vendedores conseguirem transmitir que o seu cliente não está comprando só uma pedra, e sim uma consultoria e vanguarda em termos de pedras ornamentais, a possibilidade de a empresa ser recomendada por arquitetos será muito

Etapa 2: Da concepção ao desdobramento do conceito

maior. Afinal, um vendedor que age como consultor facilita o trabalho de todo mundo e garante qualidade de atendimento.

Portanto, saber como ofertar um serviço de excelência para um arquiteto é muito mais importante do que simplesmente colar no vendedor a imagem de que a empresa é inovadora. Expliquei àquela gerente que a liderança poderia dizer que é inovadora, mas que, se o vendedor vende um serviço pleno a um cliente, bater a meta ou superá-la será a consequência. Diante dessa explicação, ela me respondeu o seguinte:

— É disso que eu preciso! Muitos dos vendedores são novos na empresa, e todos devem entender o que, de fato, estão vendendo, para que possam agregar valor. Além disso, os mais antigos são mais resistentes a mudanças.

É relativamente fácil perceber que ela não conseguiria toda aquela revolução interna apenas com uma palestra técnica dada por uma arquiteta, certo? Ela precisava sensibilizar o time de vendas para outra habilidade essencial e que está ligada à conexão com o cliente, mostrando que é necessário evoluir e estar apto a aceitar a inovação e as mudanças que vêm com ela. Quando o cliente diz que deseja que o time todo esteja "na mesma página", indica que precisa de palestrantes que falem sobre propósito, venda consultiva, encantamento, que reforcem como esse vendedor pode inovar fazendo uma venda técnica e, ao mesmo tempo, criando magia dentro da cultura e do que torna aquela empresa única.

Para que fique clara a importância disso, gosto de fazer uma analogia com garçons. Eles não são todos iguais, mas todos têm uma função: atender o cliente e levar a informação correta para a cozinha. Há quem somente tire o pedido e entregue os pratos e há quem tenha uma série de atitudes que cativam o cliente e fazem com que ele se sinta único. Esse segundo tipo de profissional também entende que o atendimento em um restaurante temático de esportes é completamente diferente do de um hotel cinco estrelas. Ele entrega a mesma eficiência, tem praticamente as mesmas funções, mas a forma de encantar muda. A atuação é personalizada e alinhada com o propósito de cada negócio.

Todos os questionamentos que indiquei ajudam a chegar ao conceito que melhor atenda ao que se deseja com o evento. Às vezes, é necessário marcar uma segunda reunião para alinhamento de expectativas, a fim de entender o que realmente tornará tudo único. Se o cliente está dizendo e reforçando que é inovador, por exemplo, você deve inovar, e para isso vai precisar tirar os convidados da zona de equilíbrio e segurança.

Lembre-se de que tudo combina com tudo!

Com todas as informações reunidas, chega a hora de iniciar o *brainstorming*.[8] Esse momento é praticamente o start das etapas de criação do conceito. É quando a equipe de atendimento, que fez a reunião de briefing com o cliente, passa a bola para o time de criação. Nessa entrega de informações para os "criativos", destacamos todos os sentimentos e a razão de existir daquele projeto, procurando ser certeiros e direcionados para a construção do conceito perfeito.

Se você seguiu direitinho o percurso que ensinei no capítulo anterior, é certo que já entendeu profundamente a razão de o seu evento existir e colheu o necessário para a concepção e o desdobramento do conceito. Agora, siga com a sua equipe de criação estes quatro passos:

---

[8] *Brainstorming* é um método para encontrar resoluções para problemas internos ou desenvolver ideias criativas, sempre construídas em conjunto.

1. **Encontrar o conceito na essência** e na razão de existir do evento.
2. **Encontrar a promessa real e o valor** para os públicos do projeto, incluindo os convidados.
3. **Criar a jornada do evento**, com ações antes, durante e depois, para torná-lo memorável, tendo como premissa os três pilares de todo evento: **conteúdo** em sintonia com os desejos e anseios do cliente, que gera **relacionamento**, embalado por uma boa **experiência** para tornar memoráveis os momentos.
4. **Apresentar todas as descobertas para todo o time** envolvido no projeto, inclusive fornecedores e staff. Mostre a importância de eles entrarem no clima, explicando em detalhes a razão de o evento existir.

Para a construção do conceito, eu e a minha equipe usamos uma técnica muito bacana, que chamamos de "Tudo combina com tudo". Para criá-la, me inspirei em uma expressão que Eduardo Shinyashiki, neuropsicólogo, palestrante e consultor organizacional, usou em uma palestra sobre propósito. No meu dia a dia, ela significa "ligar os pontos", associando os adjetivos dos maiores desejos dos clientes com o tipo do evento (endomarketing, convenção de vendas, lançamento de marca, festa de aniversário) e a marca dele (elencando os atributos, o segmento, o propósito e os produtos da marca com todas as características que cercam o negócio).

Vou exemplificar o que quero dizer quando falo que tudo combina com tudo. O que a marca Nike e as Olimpíadas têm em comum? Esporte, superação, competição, primeiro lugar, glória, vitórias, desafio, performance. Não é fácil fazer um conceito para a Nike combinando-a com as Olimpíadas? Daí nasceu o conceito "A vitória não é para todos". O conceito, nesse caso, trata de atletas profissionais, que vão ao limite em busca da glória.

No evento da Liga "UAU Disney Experience", combinamos a imersão e o universo Disney, fizemos um trocadilho com Walt, nome do fundador do complexo de entretenimento, trocando-o por "UAU", que é o cerne da nossa metodologia, e ainda aproveitamos o lançamento do filme *Divertidamente 2*, em parceria com o Shopping Vitória e o Cinemark. Tudo estava combinando com tudo, pois havia algo em comum entre todas essas coisas (UAU e Disney).

Neste momento, você pode estar se perguntando: "Na prática, como eu faço esse 'tudo combina com tudo' para criar uma frase de alto impacto que conceitue o evento?". Basta reunir todas as qualidades e características do seu cliente. Posso trazer como exemplo a Rhino Grupo, empresa do segmento financeiro especializada em securitização, para quem a Liga já fez vários eventos, os quais batizamos de Território Rhino.

Para definir essa empresa, que com apenas três anos conquistou a liderança no próprio segmento, posso usar palavras como "segurança", "confiança", "credibilidade" e "liderança". Em seguida, posso listar tudo o que os clientes da Rhino buscam e as características disso. No evento desse exemplo, os clientes eram gestores, líderes, realizadores, pessoas que conquistam e que estão sempre querendo a vitória, com persistência, postura, resiliência. Em comum, todas desbravaram lutas e territórios em situações imprevisíveis. Temos também a palavra "Rhino", que remete a África, safari, animal, força, resistência, selvagem, desconhecido.

Etapa 2: Da concepção ao desdobramento do conceito

Ao unir esses dois grupos, que ideias em comum essas palavras evocam? Qual é a intersecção? Que palavras eu posso usar, em um terceiro grupo, que remetam aos termos dos dois anteriores e mimetizem os mesmos significados, mas de outra forma? Ao avaliarmos todo esse cenário, encontramos como um ponto de intersecção o esporte, território fértil em líderes que inspiram, pessoas com persistência, vitórias e credibilidade.

Nessa etapa, você tem que acionar a sua criatividade, naquele sentido que já mencionei; não como uma eureca, porque tem a ver com o seu repertório, com as fontes nas quais você bebe. Muito provavelmente, o seu "tudo combina com tudo" vai ser diferente do meu, que é alimentado pela minha maneira de fazer, pela minha percepção e pelas minhas referências (acadêmicas e práticas). Todo conceito será único, porque a minha maneira de fazer é única, assim como a sua.

Com a experiência prática, você vai perceber que uma palavra puxa a outra, uma ideia combina com a outra, e as soluções vão aparecendo. Costumo brincar que as respostas quase pulam na sua frente. Foi assim, por exemplo, no projeto da Câmara de Dirigentes Lojistas de Vitória (CDL Vitória), que já mencionei. A companhia nos chamou para fazer um evento comemorativo de 60 anos, no qual o maior desejo era contar a história da Câmara e principalmente passar a ideia de modernidade, apesar de ser uma associação tradicional e ter muitas pessoas com mais de 40 anos na diretoria.

As palavras-chave que nos trouxeram foram as seguintes:

* Aniversário (comemoração, história);
* Modernidade (inovação, tecnologia).

Unimos os dois maiores desejos do cliente e criamos o conceito CDL Vitória: Dos 60 aos 6.0. Para reforçá-lo, montamos na entrada do evento uma exposição que contava toda a história da companhia, usando um recurso chamado túnel de *mapping*, ou projeção mapeada. Os convidados passavam por um túnel com projeções que mostravam a história da CDL e das transformações do comércio na cidade de Vitória. Saindo desse túnel do tempo, eles chegavam ao "presente", onde eram recebidos por duas recepcionistas com trajes futuristas em ambientes instagramáveis decorados com filamentos de LED. Eram as boas-vindas aos 6.0, ao futuro do presente da CDL.

Percebeu como o conceito combinou direitinho com os desejos do cliente e com todas as ações e experiências que foram pensadas para o evento? No caso da Fecomércio, mesmo sendo ações tão pequenas e específicas dentro de um projeto grandioso como esse, fomos em busca de um conceito que pudesse nos dar um norte de que caminho seguir para criarmos algo que fizesse sentido e, ao mesmo tempo, tivesse sinergia com a campanha já criada por eles.

Como dito anteriormente, muitos poderiam pensar: *Se fizemos dos 60 aos 6.0, agora ficou mole, basta fazer dos 70 aos...* Vamos parar por aqui. Você já sabe que copiar um modelo que deu certo não é o melhor caminho. Cada evento é único, tem uma razão única de existir. Sendo assim, começamos a criar um conceito personalizado para a Fecomércio, que estava com uma nova diretoria e vivia o momento da renovação. O desejo principal era mostrar a grande contribuição dessa gestão que havia assumido há pouco mais de dois anos e realizado uma revolução em termos de investimentos. Eles queriam evidenciar isso para os quatrocentos convidados formadores de opinião, entre os quais estava a nata empresarial do Espírito Santo, além dos três Poderes. O público desse evento incluía empresários, jornalistas, deputados, governador, prefeitos, presidentes de entidades e todos os stakeholders.

Além disso, a campanha principal dos 70 anos já contava com um conceito geral, que era "O sistema que move o capixaba", visto que a Fecomércio conta com o Serviço Nacional de Aprendizagem Comercial (Senac) e o Serviço Social do Comércio (Sesc) para a formação de profissionais do comércio. O que a diretoria mais queria era mostrar tudo o que estava realizando, como e por quê. As palavras-chave, nesse caso, eram "legado", "propósito", "realização", "educação", "parceiros" e "profissionalização".

Entendendo essa contextualização, encontramos uma maneira de falar tudo isso de modo diferente, mas sem fugir da campanha dos 70 anos. Acompanhe o raciocínio. Se eu falasse: "Defina em uma frase o que é propósito", muito provavelmente você responderia: "É o que me move, é tudo o que dá sentido à minha vida". Então, criamos o conceito do vídeo para a Fecomércio seguindo essa lógica, para que eles pudessem mostrar no evento tudo o que estavam realizando e o que estava por vir. Combinando o tema geral da campanha, as palavras-chave e o propósito, definimos o conceito do evento: "Fecomércio 70 anos – Tudo o que nos move".

Percebe por que não dava para entregar a mesma coisa que entregamos à CDL? O "tudo combina com tudo" de cada um nos levou para jornadas diferentes. Lembre-se: você tem que estar atento ao fato de que cada projeto tem a própria razão de existir. Na CDL o objetivo era afirmar um "a gente continua inovando há sessenta anos". Na Fecomércio, o objetivo não era ressaltar continuidade, e sim o legado que a nova diretoria estava criando e tudo que a movia para realizar tantas conquistas em pouco mais de dois anos. O foco do evento era o presente e o futuro, não o passado.

Voltando à trilha de construção do conceito: no "tudo combina com tudo", a equipe de criação produz várias sugestões de conceito que são debatidas com toda a equipe para que uma seja escolhida ou aprimorada. Eu sempre dou pitacos. Aconteceu assim quando criamos o conceito do evento da Valor Investimentos. A empresa tem oito escritórios espalhados pelo país (Rio de Janeiro, Brasília, Vitória, Belo Horizonte, São Paulo, Goiânia, Cachoeiro de Itapemirim e Brumadinho) e costuma realizar o evento Valor Awards para reunir as equipes desses lugares com o objetivo de fortalecer laços, celebrar conquistas e reconhecer a dedicação de todos ao longo do ano. É um momento de reflexão sobre os próximos desafios, sempre com a mesma garra e determinação.

Fomos chamados para realizar a edição de 2024 desse encontro, que reuniria trezentos colaboradores. A nossa equipe de criação chegou a uma sugestão de conceito, mas o meu feeling indicava que ainda não era o ideal para o momento. Tinha que ser algo bem humano, pessoal, emocional. Eu queria algo forte.

Examinando melhor uma das sugestões ("Inspire valor"), falei para a minha equipe: "Parem tudo. É este!". Inicialmente, todos ficaram um pouco resistentes, pois o nome do evento se repetia no slogan "Inspirar cultura e despertar nosso valor". Mas justamente por isso era bom, porque reforçava o maior desejo do cliente e expressava algo mais emocional. Era a empresa dizendo ao colaborador: "Inspire a nossa cultura para despertar o seu valor". Argumentei:

— Com oito filiais espalhadas pelo país, disseminar uma mesma cultura é uma dor diária desse cliente. O evento tem que fazer todo mundo ficar "na mesma página", para que consiga despertar o melhor de cada um.

A proposta foi certeira! Quando a apresentamos para a executiva responsável, ela quase chorou:

— Vocês são mágicos! Não é possível! Conseguiram extrair da gente o que efetivamente gostaríamos no projeto!

A mágica é uma só. É a percepção do que o cliente de fato deseja, entendendo profundamente a dor dele. **Onde há uma dor existe uma oportunidade.**

Desdobrando o conceito

Após encontrar o conceito perfeito, o passo seguinte é montar a apresentação da proposta ao cliente e fazer o desdobramento disso. O conceito é a nossa bússola, o nosso norte, aquilo que vamos perseguir em cada ponto de contato do evento, incluindo marca, cores, identidade visual, convite, comunicação visual, dinâmicas, local, jornada do cliente, cenografia, decoração, apresentador, recursos de audiovisual, atrações e brindes. Tudo deverá obrigatoriamente reforçar o conceito proposto. Somente assim teremos um evento UAU! E isso vale para eventos de todos os tamanhos, formatos e temáticas.

Quero dar dois exemplos, seguindo as respostas para as perguntas do briefing e a solução criativa, o que resume bem a trilha de criação e desenvolvimento do conceito.

Exemplo 1

Retomo aqui um cliente muito especial: a minha família, no nascimento do nosso primeiro filho.

ETAPAS	INFORMAÇÕES E AÇÕES
Passo 1	**Entendendo os cinco públicos:** 1. **O realizador**: eu, minha esposa e nosso filho que estava nascendo. 2. **O patrocinador**: nós mesmos. 3. **O colaborador**: nós mesmos. 4. **O convidado**: parentes mais próximos e amigos de longa data. 5. **O espectador**: pessoas que verão o brinde ou a lembrança em algum lugar.
Passo 2	**Entendendo as expectativas, as demandas e os objetivos do evento ou do momento memorável:** ✹ *Quais são as cinco palavras-chave do evento?* Lembrança, agradecimento, parceria, amizade, gratidão. ✹ *Quais são os objetivos ou os atributos dessa demanda?* Dar protagonismo aos ilustres visitantes. ✹ *Quais são os requisitos e as premissas desse projeto?* Como praticamente não há verba, é preciso utilizar a criatividade, transformando o brinde físico em algo intangível. Além disso, o pai da criança é publicitário, então o produto precisa ser diferente do que costuma ser apresentado em momentos como esse.

Etapa 2: Da concepção ao desdobramento do conceito

Passo 2

✳ *Qual é a comunicação prevista?*
A tag de reforço do brinde, passando a mensagem emocional, dando vida e sentido ao brinde físico.

✳ *Qual é o histórico do evento? Cite dores de edições anteriores e atuais, ações que deram certo e que gostaria de repetir.*
É o primeiro filho, então o casal não tem experiência. O único desejo é que não seja mais uma lembrancinha comum e usual que todo mundo faz.

✳ *Que sentimentos você quer provocar nas pessoas? O que gostaria que a pessoa que foi ao evento dissesse em um churrasco no dia seguinte?*
"Só podia ser filho do Marcelo e da Cris! Olha o capricho dos dois. Transformaram algo tão simples em uma mensagem tão profunda!"; "Me senti especial recebendo esta lembrança"; "Olha essa ideia completamente diferente que eles tiveram!"

✳ *Quais são os riscos? Quais são os maiores desafios?*
Ficar simples demais e não passar a mensagem de gratidão e de parceria esperada.

✳ *Qual é o investimento previsto para esse evento?*
No máximo 300 reais, ou seja, 3 reais por peça.

Fantástica fábrica de UAU

Passo 2	✴ *Se você tivesse uma varinha mágica, o que faria? Esqueça dinheiro e qualquer tipo de limitação.* Por se tratar do nascimento de um filho, o objetivo é, independentemente da questão financeira, transmitir uma mensagem carinhosa que toque o coração dos familiares e amigos que vão visitar o recém-nascido, de modo que eles se sintam parte daquele momento mágico. Gostaríamos de manifestar o nosso desejo de que eles estejam sempre com a gente e de que sintam quanto somos gratos pela amizade deles. E, acima de tudo, quanto queremos que eles participem do crescimento e da história do nosso filho. O brinde precisa se transformar em um presente muito maior, que não tem preço: fortalecer as nossas relações de afeto. ✴ *Quem são os parceiros estratégicos? Quem são os stakeholders?* Fornecedores de brindes que poderiam ajudar a alcançar um custo mais acessível. ✴ *Quando e onde você imaginou fazer esse evento?* Na maternidade e em casa, nos primeiros meses após o parto.
Solução Criativa	✴ *O briefing enfatizou duas coisas muito marcantes do contexto:* pessoas muito íntimas que visitariam a família e o entendimento de que elas estariam ao lado do bebê ao longo da vida dele. Com isso, trouxemos o protagonismo e a importância dos visitantes para o centro, criando um brinde que tocasse os sentimentos mais profundos deles.

Etapa 2: Da concepção ao desdobramento do conceito

Solução Criativa	✷ *Fizemos um lápis. Mas não era um lápis qualquer. Ele continha uma mensagem tão profunda, que se tornou algo intangível. Na ponta dele estava escrito "tentativa". Na borracha, "acerto". Para complementar a mensagem, a tag trazia a seguinte mensagem: "A vida é feita de tentativas e acertos. Conto com você para ajudar a escrever a minha história. João Henrique, 24/02/2011".*

Exemplo 2

Detalho aqui o caso da Valor Investimentos.

ETAPAS	INFORMAÇÕES E AÇÕES
Passo 1	**Entendendo os 5 públicos:** 1. **O realizador**: Valor Investimentos. 2. **O patrocinador**: alta liderança das filiais, para engajar seus times. 3. **O colaborador**: time da Liga, fornecedores, equipes de RH e marketing da Valor Investimentos. 4. **O convidado**: trezentos colaboradores dos escritórios de Rio de Janeiro, Brasília, Vitória, Belo Horizonte, São Paulo, Goiânia, Cachoeiro de Itapemirim e Brumadinho. 5. **O espectador**: familiares dos convidados, clientes e outros profissionais do setor que possam ter o desejo de trabalhar na Valor Investimentos.

Passo 2	**Entendendo as expectativas, as demandas e os objetivos do evento ou do momento memorável:** ✴ *Quais são as palavras-chave do evento?* Energia, união, futuro, cultura, propósito, motivação e construção de um legado positivo. ✴ *Quais são os objetivos ou os atributos dessa demanda?* Integrar e reconhecer os colaboradores de oito escritórios, oferecendo um conteúdo inspirador, para que possam se relacionar e trocar informações do que significa ser parte da Valor. É preciso reconhecer os profissionais na tradicional premiação Valor Awards. A programação deve ser dinâmica, com conteúdo, mas também leve, interativa e envolvente. O objetivo é promover o alinhamento e o reforço da cultura da empresa. ✴ *Quais são os requisitos e as premissas desse projeto?* O evento precisa ser realizado em Vitória (ES). Serão dois dias de encontro, com uma programação envolvente que una um conteúdo mais teórico e momentos interativos, para que não fique pesado. ✴ *Qual é a comunicação prevista?* Utilização das mídias internas da empresa, como intranet, grupos de WhatsApp e reuniões de alinhamento por setores.

Etapa 2: Da concepção ao desdobramento do conceito

Passo 2

✷ *Qual é o histórico do evento? Cite dores de edições anteriores e atuais, ações que deram certo e que gostaria de repetir.*

Os conteúdos precisam ser divididos. Não podemos misturar palestra, entretenimento e premiação. Além disso, considerando a quantidade de informação que precisará ser repassada aos convidados, apenas um dia não será suficiente.

✷ *Que sentimentos você quer provocar nas pessoas? O que gostaria que a pessoa que foi ao evento dissesse em um churrasco no dia seguinte?*

"Agora entendi o que é fazer parte da Valor Investimentos!"; "É uma empresa que tem alma, que respeita os colaboradores e o cliente. Ela valoriza o nosso trabalho!"; "Sinto que posso crescer nessa empresa."; "Coletividade e competitividade em um mesmo local."

✷ *Quais são os riscos? Quais são os maiores desafios?*

O desafio é conseguir o engajamento dos colaboradores. Em edições anteriores, a empresa pagou passagens e hotel para os convidados. Nesta edição, cada colaborador terá que arcar com os custos do deslocamento e da estadia, por isso é necessário despertar o desejo de participar do evento.

✷ *Qual é o investimento previsto para esse evento?*

Por uma questão de compliance, o valor não pode ser informado.

Passo 2	✳ *Se você tivesse uma varinha mágica, o que faria? Esqueça dinheiro e qualquer tipo de limitação.* Para a palestra, traria um atleta de alta performance que tivesse um legado em sua trajetória e faria uma grande gamificação no evento. ✳ *Quem são os parceiros estratégicos? Quem são os stakeholders?* A XP Investimentos é o principal parceiro, além da alta liderança da empresa, de clientes, investidores e familiares dos convidados. ✳ *Quando e onde você imaginou fazer esse evento?* Em 6 e 7 de dezembro, em Vitória. Preferencialmente em espaços que favoreçam o deslocamento dos visitantes, para que possam desfrutar dessa cidade maravilhosa.
Solução Criativa	✳ Criamos o seguinte conceito: "Inspire valor". ✳ Convidamos as pessoas para viverem dois dias de uma experiência imersiva e transformadora, respirando intensamente os valores da Valor, absorvendo a cultura e descobrindo como alcançar a máxima performance. ✳ O primeiro dia de evento foi dedicado ao conteúdo e ao conhecimento, com palestrantes de renome nacional: o medalhista olímpico no judô, Flávio Canto, e Guilherme Benchimol, fundador da XP Investimentos.

Etapa 2: Da concepção ao desdobramento do conceito

Solução Criativa	✳ No segundo dia, o foco ficou no relacionamento e nas experiências. Com o reposicionamento da verba, pudemos criar um evento com mais experiências e com uma gamificação estruturada. ✳ Mantivemos o Valor Awards, que é focado no reconhecimento dos esforços e das metas. Criamos cenários instagramáveis, atividades interativas e momentos-surpresa para maximizar o engajamento e a experiência dos participantes.

Monte uma apresentação irrecusável

Ao definir o conceito e o slogan que serão apresentados ao cliente, faça o desdobramento já bolando algumas ações para tangibilizar o que está sendo criado.

Sugerimos a organização de uma miniolimpíada entre os participantes do evento, com modalidades como futebol, vôlei, queimada, tênis de praia, natação, corrida e canoa havaiana. Os trezentos colaboradores foram divididos em cinco equipes, cada uma com sessenta participantes, para estimular a prática de atividades físicas e promover a integração em uma competição saudável, com trabalho em equipe e muita diversão.

Na apresentação do projeto para a Valor Investimentos, colocamos, além de informações sobre as atrações e as ações em potencial, referências cenográficas e a visualização de como seria a derivação do conceito em crachás, camisetas, bonés, bandeiras, garrafinhas de água, bem como sugestões de ambientes instagramáveis. Também inserimos um vídeo motivacional, que começava com a seguinte frase: "A vontade de se preparar tem que ser maior do que a vontade de vencer". Defendemos o conceito do projeto nesse vídeo. E foi fantástico!

Outro aspecto importante: **como** você vai explicar a sua proposta para o cliente. Isso não pode ser feito com uma apresentação qualquer. Deve ser uma apresentação UAU! Por isso, faça questão de defendê-la presencialmente, embora muitos clientes ainda peçam para ser on-line. A magia também está na forma como se apresenta, na emoção, no encantamento com as ideias e o atendimento. Você tem que acionar o modo magia total. Nas apresentações da Liga, a gente costuma levar até lanchinho, e eu transmito toda a minha energia e vontade de realizar aquele projeto.

Depois da aprovação do cliente, é essencial repetir os pontos centrais da apresentação aos fornecedores, para que todos entendam o conceito que ajudarão a desenvolver, a fim de garantir um evento UAU. Sim, é chegada a hora de materializar tudo o que foi criado, concretizando o conceito perfeito dentro dos três pilares: **conteúdo** de qualidade, ambiente propício para o **relacionamento**, embalado por uma **experiência** memorável. Ensinarei todos os detalhes no próximo capítulo.

Técnicas de redação publicitária em projetos

Para que você possa "brincar" com as palavras e criar uma mensagem vendedora, leve e envolvente nos seus projetos, listo algumas técnicas que considero importantes e relevantes.

Crie ganchos para boas histórias

Lembra-se do poder de contar uma boa história? Vale a pena treinar técnicas de *storytelling*, que ensinam muito sobre como contamos narrativas. Uma moça que assistiu à minha palestra sobre a imersão na Disney, por exemplo, me disse: "Quando você falou da sua infância simples, mas sonhadora, e mostrou aquela foto na roça, com uma espiga de milho na mão, representando o seu sonho de 1 milhão de reais, eu me conectei muito a você". Isso é compreensível.

Quanto mais mostramos a vida real, a imperfeição, o nosso lado "pessoa comum" e mais natural somos, mais nos aproximamos das pessoas. O *storytelling* tem esse papel importante na jornada de um evento, na contação de uma história. Para quem quer aprender técnicas para contar boas histórias, eu sempre indico o Toni Galvão, fundador da Soap, empresa pioneira em desenvolver apresentações estratégicas, hoje na Plot e na Show Makers. Ele me encantou com a leveza com que conta histórias.

Utilize as sinergias das palavras

Qual palavra tem sinergia com inovação? "Inquietude." A Valor Investimentos desafiou a Liga a fazer um evento com premiação interna sem envolver pagamento em dinheiro, porque os colaboradores já ganhavam dinheiro em todas as metas que batiam. Essa premiação representava o reconhecimento pelo incrível trabalho que aquelas pessoas estavam fazendo. A nossa grande sacada foi criar o conceito "Valor Awards, o valor da conquista", mostrando a relevância da conquista. Nesse caso, a sinergia foi entre as palavras "valor" e "conquista".

Em 2024 ocorreu o quarto ano da premiação, que tinha uma dor diferente: a necessidade de engajar culturas variadas. Por isso, o evento foi além da premiação, sendo agora realizado em dois dias, com o primeiro deles dedicado apenas ao conteúdo e o segundo mais focado em relacionamento e experiência. O conceito foi ajustado para "Inspire valor", associando as palavras "valor" e "esporte", tendo como base a ideia de premiar pessoas que se inspiram nos próprios valores e nos valores da Valor. Ainda assim, a premiação e o mote permaneceram os mesmos: Valor Awards, o valor da conquista, com o objetivo de valorizar o reconhecimento e torná-lo mais tradicional.

Pense na maior dor e na solução mais desejada

Aqui, quero falar do evento "ReEncontro", que a Liga organizou para a ArcelorMittal. O evento de confraternização de fim de ano da empresa não acontecia desde 2014, tendo voltado em 2022, logo depois da pandemia de covid-19. A maior dor deles era que as pessoas estavam distantes, além de muitas nunca terem vivenciado o evento e outras não o conhecerem ainda. O maior desejo se tornou o slogan do evento: "Um dia para celebrar nossos valores". Por isso, reforçamos o destaque da partícula "Re" de "Encontro", considerando que muitos se reencontrariam após a pandemia, enquanto outros se encontrariam pela primeira vez.

Destaque os benefícios ao evidenciar uma promessa

Um bom exemplo dessa prática é o conceito que a Liga criou para o evento "Território Rhino: desbrave o intangível". Quando dizemos "Território Rhino", estamos restringindo e deixando claro que o evento é para poucos. Desbravar o intangível é um convite sedutor para quem tem o desejo de evolução e crescimento, como pessoa ou como empresa.

Adote figuras de linguagem

A comunicação pode se tornar mais expressiva com o uso de recursos expressivos de linguagem, como em "Você nasceu para brilhar".

Lançamos mão dessa ferramenta sempre que utilizamos palavras com um sentido para além do literal. Eu usei esse recurso em um artigo que escrevi para um jornal de Vitória quando escolhi o título "Por que Walt é UAU?".[9] Comecei destacando o genial Walt Disney como um verdadeiro exemplo de UAU, por fazer jus a uma nota acima de 10.

Da mesma maneira, o conceito para o evento de aniversário da CDL Vitória, "Dos 60 ao 6.0", reforçava que a entidade estava comemorando 60 anos de existência, porém atualizada, mirando o futuro. Expressamos a solidez, a história e a modernidade da companhia.

Solte a sua criatividade

A criatividade vem da observação do comportamento humano, do seu repertório e de coisas que estão acontecendo ao seu redor e que podem ser uma "trend". Quantas empresas hoje associam a própria marca a um conceito baseado na maneira como as pessoas falam? Méqui, por exemplo, adotado pelo McDonald's, gerou uma baita proximidade e identificação com o público. Eu amo o lema da Natura, "Bem estar bem". Acho lindo, porque você pode ler até de trás para a frente e entender a valorização do bem-estar.

Associe o texto a imagens: um deve complementar o outro

Foi isso que a Liga fez no evento "ReEncontro", para a festa de confraternização anual da ArcelorMittal. Utilizamos a ambiguidade, por meio de um recurso gráfico-semântico (a semântica se refere ao significado das palavras), para evidenciar as duas possibilidades de leitura, destacando graficamente tanto "Re" quanto "Encontro",

---

9 BRAGA, M. Por que Walt é UAU? **A Tribuna**, 29 jun. 2024, p. 11. Disponível em: https://atribuna.tribunaonline.com.br/jornal-a-tribuna/20240629. Acesso em: 15 set. 2024.

pois para alguns seria um reencontro e para outros poderia ser o primeiro encontro.

Evite títulos interrogativos fáceis

A interrogação sugere dúvida, e o evento quer dar uma resposta, não fazer uma pergunta. Imagine usar: "Você está mesmo preparado para o futuro?". Essa possibilidade abre uma avenida para que as pessoas pensem em algo que você não gostaria que pensassem. Eu gosto muito mais de usar uma afirmação, um imperativo, algo positivo, inspirador, que prometa, que aproxime, como "O valor da conquista". Quanto mais lúdico esse conceito for, mais fácil é trabalhar no desenvolvimento de ações que ofereçam conteúdo, relacionamento e experiência.

Se você fala do valor da conquista, pode trabalhar tudo relacionado a valores e conquistas. É possível enxergar uma história para contar, que pode ser de superação, com vários palestrantes, de empresários a atletas olímpicos, contando como se superaram para alcançar conquistas.

**Etapa 3:
A materialização
da experiência**

capítulo

Aponte a câmera do celular para o QR Code ao lado e tenha acesso a um conteúdo complementar sobre a trilha da Fábrica de UAU.

Nesta terceira etapa, focaremos a materialização de tudo o que foi planejado até aqui. Uma das nossas premissas será equilibrar o conteúdo, o relacionamento e a experiência que serão entregues no evento. É um momento decisivo para que toda a magia planejada não desande. O propósito de realizar momentos memoráveis toma corpo e acontece, desde que o percurso proposto pela trilha da Fábrica de UAU seja completado com maestria. Por isso, agora quero mostrá-lo por completo:

O mecanismo da Fábrica de UAU da Liga

CLIENTE			
PROPÓSITO DO CLIENTE	JORNADA DOS 5 P.A	SELEÇÃO DAS SOLUÇÕES E FORNECEDORES	FATURAMENTO
ESTRATÉGIA DO CLIENTE	ADD (DINÂMICAS E INTERAÇÕES)	ORÇAMENTOS E APROVAÇÕES	PÓS-VENDA
DEMANDA	PLANEJAMENTO	CRONOGRAMA GERAL DE TRABALHO	RELATÓRIOS
OBJETIVOS DA DEMANDA	O PROJETO (SOLUÇÃO)		DESMOBILIZAÇÃO
ESTRATÉGIA DA DEMANDA	CONCEPÇÃO DO PROJETO	FORMALIZAÇÃO CONTRATUAL COM TERCEIROS	EXECUÇÃO
BRIEFING	CONCEITO	OPERACIONALIZAÇÃO	MOBILIZAÇÃO

A essa altura, você já deve ter percebido que, para a materialização de um evento UAU, existem seis pontos-chave que não podem ser perdidos de vista. Vamos nos aprofundar em cada um deles ao longo deste capítulo.

1. A primeira chave do UAU é o equilíbrio

Você se lembra de quais são os três pilares do evento UAU? Conteúdo, relacionamento e experiência. Os três precisam estar bem equilibrados na execução do projeto, então você não pode concentrar todos os desejos do cliente no conteúdo sem promover um ambiente de relacionamento, de networking e de visitação a espaços que geram interação; dependendo, é claro, do formato de cada tipo de evento. Do mesmo modo, não pode se esquecer da experiência, pois ela é a grande responsável por gerar memória e legado.

Você pode estar se perguntando: "Então qual é a mágica para alcançar esse equilíbrio?". Para ilustrar como harmonizar os três pilares dentro de um evento, sugiro:

* Palestrantes cujo conteúdo reforce objetivos e palavras-chave definidos no briefing. No caso de eventos de entretenimento, podem ser as atrações artísticas;
* Atividades, espaços e um período no evento para que os convidados se engajem com o propósito do projeto e se relacionem de modo mais intimista (trocando convites no LinkedIn por exemplo), com uma rodada de negócios ou a visitação a uma feira relacionada ao tema;
* Experiências que provoquem nos convidados os sentimentos desejados, a ponto de compartilharem as impressões com a própria rede e de se lembrarem do evento depois.

Tudo isso deve ser transmitido já no convite e continuar nas comunicações relacionadas ao evento. Próximo da data, reforce esse conceito no treinamento da equipe, na cenografia, na comunicação visual, na entrada do evento, na recepção, no credenciamento/bilheteria, nas ações de "boas-vindas", nos ambientes instagramáveis, nos brindes, nas ações interativas etc.

Para verificar se as ações pensadas e planejadas têm aderência ao conceito criado, imagine as pessoas dentro do evento. Pergunte-se: "Qual tom estou dando ao evento para que ele fique alinhado tanto com o conceito quanto com o propósito da demanda?". Eu aplico esse tom no que se refere à abordagem e ao uniforme da equipe de trabalho, à cenografia do evento e ao palco, à iluminação, ao led, ao vídeo de abertura e à playlist do evento. Trabalho também as interações das pessoas nos espaços instagramáveis e nas atividades lúdicas. Colocar um trenzinho colorido e musical para recepcionar e entreter os convidados de um evento de endomarketing é muito bacana, mas não teria o mesmo efeito se o objetivo fosse transmitir formalidade e inovação, por exemplo. Consegue entender a diferença?

Em relação ao tipo de bufê ofertado, sabe-se que um evento corporativo combina com um café da manhã, um coquetel ou um jantar. Se o desejo do cliente é algo mais informal, pode ser brunch, happy hour ou mesmo uma festa *sunset*, que tem como mote do encontro ver um lindo pôr do sol.

O formato do evento sempre vai reforçar o tipo de experiência, por isso deve ter sinergia também com a atração que apresentará o conteúdo e com os ambientes de relacionamento. Sendo assim, um evento em que há muitas filas (para entrar, pegar bebida, comer, ir ao banheiro, receber brinde e até para participar das interações) promove uma experiência ruim, afinal as pessoas vão aos eventos para se relacionar e fazer novos contatos. Se você as mantêm o tempo todo em filas, o pilar da experiência e principalmente o do relacionamento são comprometidos.

Ainda na busca do equilíbrio entre os três pilares, construa as magias e reforce o propósito do evento. Tudo o que você fizer e tudo que estiver em cada uma das interações e dos pontos de contato do convidado com a marca promotora do evento têm que expressar e reforçar o conceito, os objetivos, os atributos, as premissas e os mais profundos desejos definidos para o evento, suprindo todas as dores do cliente. Para quê? Para que, no pós-evento, você consiga reforçar o legado daquilo que as pessoas vivenciaram.

Toda a comunicação do pós-evento deve ter um tom nostálgico, para reforçar as palavras-chave do conceito que não podem ser esquecidas e que foram exploradas no conteúdo, no relacionamento e na experiência oferecidos aos participantes. Se você quer fortalecer a proximidade, pode coletar depoimentos de convidados, por exemplo, e montar um vídeo com cenas de interações que mostrem como os convidados se aproximaram.

2. O conceito é o seu norte, então não o perca de vista

Lembre-se sempre de que a espinha dorsal do projeto é o conceito dele. Para mantê-la em pé, você precisa colocar na materialização do projeto todos os requisitos que o conceito engloba, estando sempre de olho naqueles que respondem à dor do cliente.

Um caso que exemplifica bem isso é o do Grupo Rhino, um cliente muito querido que apresentei em capítulos anteriores. Estávamos indo para o terceiro ano de realização do evento com o conceito "Território Rhino – Desbrave o intangível", explorando referências de savana para reforçar o território e o rinoceronte. Em relação ao conteúdo, decidimos recorrer ao universo do esporte, com palestrantes que falavam de liderança e alta performance, como o ex-judoca brasileiro Flávio Canto e o automobilista Tony Kanaan, que participaram de edições anteriores. Em 2024, na reunião de briefing, sugerimos manter a tradição do evento, já que o cliente gostava muito do conceito e estava funcionando. Conservamos o tema, com a ambientação que remetia a savana, safari e aventura, escolhendo um palestrante de alta performance esportiva e que fosse um líder inspirador. Chegamos a pensar no Bernardinho.

Na reunião de apresentação, a equipe da Rhino adorou a proposta, exceto a profissional do marketing, que fez uma ressalva importante:

— Eu gosto muito desse conceito, mas não sinto o mesmo em relação à temática. Hoje temos anseios diferentes daqueles dos dois primeiros anos.

— Do que você não está gostando? O briefing foi esse, certo? — quis entender.

— É, mas a gente também colocou no briefing a importância de mostrar um ar de inovação e de futuro. Vocês estão inovando no design, mas precisamos inovar e surpreender também os nossos convidados. Somos uma fintech, temos que transmitir tecnologia, inovação. Acho que a gente pode também explorar outro lado, pensar em uma arte mais moderna…

— Já sei, já peguei! — respondi.

Entendi que, dentro das premissas de manter o conceito e tudo o mais com que já vínhamos trabalhando, havia uma questão nova:

Etapa 3: A materialização da experiência

mais do que focar a credibilidade e a grande liderança, o cliente queria falar de futuro. Então, ajustamos a temática e mantivemos o conceito. Foi então que sugeri:

— Vocês estão com um novo desejo. Estão crescendo, precisam continuar firmando confiança, credibilidade, que é o que está construído aqui. Mas precisam também colocar inovação, futurismo.

— É isso!

— Então, agora nós vamos explorar mais um território, que é completamente intangível: o futuro. No Território Rhino 2024, nós vamos explorar o Universo!

O desejo do cliente era dar mais ênfase a algo que já constava na nuvem de palavras que montamos ao elaborar o conceito, portanto bastava ressaltar esse elemento, ajustar a comunicação e dar uma alavancada na questão do futurismo, da inovação. Podíamos fazer isso trazendo um palestrante que soubesse de inovação, de tendências e que, acima de tudo, tivesse aplicado com sucesso essa visão futurista na própria empresa, para que pudesse dizer aos participantes do evento: 1) que o futuro não é um bicho de sete cabeças; e 2) que a gente pode trazer esse futuro para o presente e fazer "a coisa" acontecer.

Repare neste detalhe: mesmo em um projeto que está indo para a terceira edição com o mesmo conceito, que por sinal é impactante e consistente, às vezes é preciso ajustar a temática. Quando o cliente nos direciona, sinalizando que não quer mais aquele tema, podemos manter o conceito, ainda que fazendo uma mudança de rota.

Nessa nova rota, como esse conceito será materializado? Pode ser com uma arte mais moderna, com uma inspiração mais espacial, um convite diferenciado... O local do evento também precisa ser outro, assim como o uniforme da equipe. Enfim, você deve realizar uma série de ajustes no que havia pensado, para que possa seguir esse novo direcionamento.

3. Programe ações para o ADD

Na seleção das dinâmicas e das interações para materializar o evento, é preciso pensar em se conectar com os convidados em três momentos: antes, durante e depois. Observe o esquema a seguir:

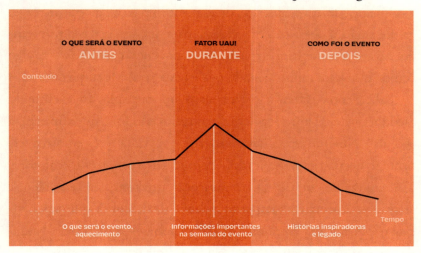

Antes

Nessa fase do aquecimento, é necessário criar uma antecipação do evento na cabeça do convidado, uma expectativa para despertar o desejo de estar com a gente. Nessa etapa, é muito importante não gerar uma grande expectativa. Busque a dose certa. Imagine o seguinte: você compra um pacote de viagem para um resort e cria uma série de expectativas em relação ao que viverá lá. Chegando ao local, como é a sua percepção em relação ao serviço que lhe entregam? Maior ou menor do que a sua expectativa? Se a percepção superar a expectativa, as chances de você voltar para casa satisfeito são maiores? São, não é?

Assim também é com os eventos. Suponha que alguém fale: "Duvido que vocês já tenham assistido a uma palestra melhor do que a minha!". O que essa pessoa está fazendo com a expectativa? Colocando-a lá em cima. Agindo assim, como superar essa expectativa? Satisfazer o público dessa palestra será bastante difícil.

Para construir um evento UAU, buscamos a satisfação, que é um sentimento subjetivo, abstrato, diretamente ligado à expectativa. O segredo, então, é dosar essa expectativa, para que seja possível surpreender. Só assim conseguimos o efeito desejado: que o convidado diga algo como "UAU, foi muito além do que eu esperava. Me surpreendeu!".

Saber como fazer isso fica claro no exemplo do evento do Sicoob, que citei anteriormente, cujo conceito foi "Aproximar para evoluir". No antes, precisávamos criar um clima mais emotivo, estimular no participante a ideia de que seria um evento caloroso. Tínhamos que colocar na comunicação um tom mais emocional, criar uma expectativa, despertar o desejo de descobrir que experiências o esperavam. Fizemos isso com enquetes sobre quem cantaria no evento, com mensagens para lembrar que o encontro estava próximo e perguntando o que "aproximar para evoluir" significava para cada convidado.

Nesse conceito, era fundamental construir uma atmosfera de proximidade, usando uma linguagem informal e leve na comunicação prévia ao evento, dando dicas como "use roupas confortáveis", porque seria um dia de grande aprendizado, de relacionamento e de grandes experiências. Na semana do projeto, enviamos pílulas de conteúdo sobre o que esperar e mais dicas do que estava por vir. Por ser um evento de endomarketing, as mensagens eram transmitidas sobretudo pelo WhatsApp, e todo esse aquecimento foi feito também em um portal exclusivo para o evento.

Outro ponto fundamental é contar com profissionais bem treinados para garantir uma experiência UAU aos participantes, que vão entender o propósito e não medir esforços para alcançá-lo. Na fase de preparação, montar uma equipe focada na satisfação do cliente faz toda a diferença.

Ainda na etapa do "antes", por exemplo, quando eu faço eventos abertos ao público, do tipo *business-to-consumer* (B2C, ou da empresa para o consumidor), começo a enviar pílulas aos convidados, informando como chegar, onde estacionar e até dando detalhes da cenografia. O objetivo é despertar a curiosidade a ponto de eles pensarem que não podem perder aquele evento de jeito nenhum. Também dou dicas e informações úteis para que eles aproveitem ao máximo a jornada. Se a pessoa está vindo de outra cidade, passo informações como indicação de parceria com determinada locadora de veículos e academia de ginástica nas proximidades, ofereço roteiros dos serviços que podem ser encontrados em um raio de dois quilômetros, como supermercado, farmácia e shopping center, além de pontos turísticos. Uma semana antes da realização, quando o evento é para colaboradores do cliente, entrego a camiseta que todos deverão vestir no dia e programo ações e lembretes no ambiente de trabalho.

Faço tudo para reforçar que a data tão aguardada está chegando, como se fosse uma contagem regressiva. "Faltam três dias", "Faltam dois dias", "É amanhã"...

Durante

Então, é o dia do evento. Assim que o convidado chega ao local, qual é a jornada dele? Por onde ele deve entrar para que faça a materialização daquilo que você quer que ele assimile ou aprenda? Se for pelo plenário, o que acontece ali que reforça o que o evento quer transmitir? Quais são as características do palco: é alto, é baixo, é grande? Se ele é mais alto, é mais formal; se é mais baixo, é mais convidativo e pessoal. Se você colocar bastante LED, consegue explorar frases reforçando o conceito; se usar meia-luz, dá um tom mais intimista ao evento.

E o que colocar nos ambientes instagramáveis? O que eles precisam transmitir para reforçar o conceito? Ter uma roda-gigante, por exemplo, pode não fazer o menor sentido no evento, principalmente se estiver instalada em um local inadequado, com um fundo ruim, sem exibir a marca do cliente. Entretanto, se a linda roda-gigante tiver o palco Mundo do Rock in Rio como pano de fundo e no centro estiver destacada a marca do Itaú rodando em LED, vira um grande e poderoso ambiente instagramável. Todo mundo vai querer tirar fotos com essa roda-gigante (e, consequentemente, com o logo do cliente) ao fundo e publicar para dizer: "Olha, estou aqui no Rock in Rio!". Você entende que ter uma roda gigante "tipo a do Itaú" é uma conquista de marca do Itaú com o Rock in Rio e que certamente não faz muito sentido para a sua marca? Alguns clientes até dizem: "Gostaria de uma roda-gigante do Itaú no meu evento".

Quando você cria as ações, as dinâmicas e as interações dentro do evento, equilibrando conteúdo, relacionamento e experiência, está materializando tudo aquilo que quer dizer. Entretanto, sem ter um propósito, um conceito forte e uma temática clara, que começa lá no briefing, qualquer coisa pode ser dita.

No evento do Sicoob, no que a gente pensou para materializar todo o efeito UAU? As dinâmicas criadas e construídas obrigatoriamente tinham que responder a essa pergunta, conectada com "o porquê" do evento: "De que modo vamos aproximar as pessoas para evoluírem?". Investimos em interações leves, para que as pessoas tivessem interesse genuíno em participar delas.

A grande dor do cliente era: "Eu preciso fazer o colaborador que mora em São Paulo ter o desejo de estar aqui com a gente; estando aqui, ele precisa interagir com o pessoal do Espírito Santo". Para facilitar essa interação, logo na entrada do evento, ao lado do credenciamento, colocamos uma Carreta Furacão, aquele trenzinho famoso que tem integrantes dançando, fantasiados de figuras populares dos quadrinhos e da TV. Ele ficava dando voltas dentro do hotel para apresentar os convidados à grandeza do evento e ao mesmo tempo servir como quebra-gelo. Com isso, os participantes chegavam em clima informal, leve, sabendo que seria um dia diferente dos demais. O ambiente era propício para fazer amizades. Todos do time de produção e de fornecedores foram cuidadosamente instruídos sobre o que era aquele evento, de onde as pessoas estavam vindo e da importância de eles serem gentis em cada ponto de contato. Isso faz muita diferença.

Fizemos o evento em um grande hotel e concluímos sabendo que as pessoas estavam mais abertas ao conteúdo e se divertiram. Cumprimos também a nossa missão de fazer os participantes ficarem mais leves. O que aconteceu? As pessoas se mostraram mais aptas a se relacionar e a absorver a cultura do Sicoob.

Nas apresentações, todos os palestrantes e o apresentador Marcelo Marrom foram instruídos sobre o que queríamos expressar com o conceito "aproximar para evoluir". Com isso, muitos deles desceram do palco para interagir com os convidados. Como já mencionei, João Branco, um dos profissionais de marketing mais admirados do Brasil, falou sobre propósito de modo emocionante.

Outro golaço foi a atração musical, com um show contagiante do Thiaguinho, que ultrapassou quarenta minutos do tempo contratado. Todas as grandes atrações conseguiram, com leveza, competência e carisma, aproximar o público para incentivar a evolução pessoal e coletiva. Tudo isso foi superando as expectativas diante das percepções vividas nesse evento.

Percebeu como o conceito se materializou perfeitamente por meio das dinâmicas variadas que colocamos dentro do evento? O segredo de uma materialização UAU não está apenas nas atrações, mas também no repertório e na ordem dessas atrações, que devem contar uma história. É como no show de uma banda. Para fazer o público se engajar, ficar conectado do início ao fim, a sequência de músicas importa muito, definindo a dedo o primeiro hit, para levantar a plateia e mostrar a que veio. Em seguida, vem o momento de tocar as canções mais dançantes e apresentar as novas composições. Fechando o show, é claro, deve estar o maior sucesso da banda, para que o público queira pedir "bis".

Quando você percebe com clareza a importância de conhecer os públicos-alvo do evento, consegue pensar em experiências que levem os convidados a amarem estar ali e fotografar, filmar, comentar, fazer a mídia espontânea. Enfim, reverberar. Por isso, esse evento não deve ser uma experiência qualquer. Imagine estar no mesmo cenário que o Bernardinho, técnico medalhista de vôlei, e não tirar uma foto para postar nas redes sociais? Você tem que criar algo que faça as pessoas tomarem essa atitude, por enxergarem propósito e abraçarem o conceito do evento. Caso contrário, poderá ser apenas uma coisa engraçadinha.

Todo cuidado é pouco ao selecionar ações e soluções. Suponha que você esteja realizando um projeto no qual a intenção é passar ideia de grandeza, tecnologia, inovação, sentimento de pertencimento. Para incentivar as pessoas a tirarem fotos, você precisa proporcionar experiências ligadas a esses vetores, que têm que estar alinhados com a temática e as palavras mágicas do projeto. Assim, o que os convidados postarem nas redes sociais e falarem na empresa em que trabalham ou na roda de amigos no dia seguinte ao evento estará carregado com a mensagem que você quis transmitir.

Mas e se algo não surtir o efeito positivo desejado? E se o seu convidado tiver uma experiência negativa no seu evento? Tenha calma. Não é o fim do mundo. Reconheça o seu erro, mesmo que em alguns momentos a culpa não tenha sido sua, e aja rapidamente, de modo humanizado. Dê a ele opções práticas e resolutivas para minimizar a dor que ele revelou estar sentindo. Segundo a Seeds of Dreams Institute, com base nos conhecimentos de Claudemir Oliveira, PhD, executivo e professor da Disney University, cada experiência negativa exige sete experiências positivas para que a ruim seja minimizada. Na Disney, eles conseguem a incrível marca de trinta e sete experiências positivas para cada negativa. Por isso é tão importante treinar todo o time de fornecedores a respeito do que é a excelência no atendimento e da importância da empatia em cada ponto de contato com o convidado.

Depois

Esteja sempre atento ao fato de que o projeto não finda com a realização do evento. Pelo contrário. Muitas vezes, o evento é apenas o início de um novo ciclo de experiências e de aprendizados. Para isso, é preciso que a mensagem central perdure, assim como os momentos marcantes. Então, nessa etapa, é fundamental fazer alguns resgates desse legado, para que as pessoas continuem memorizando, relembrando o projeto e levando adiante o conceito inerente a tudo o que foi criado para ele.

Nesse sentido, você deve assumir mais duas grandes missões: 1) fazer as pessoas que não foram ao evento terem o desejo de estar no próximo e fazerem de tudo para isso; e 2) avivar na memória daquelas que estiveram presentes o que aconteceu de mais relevante, resgatando histórias, vídeos, fotos e frases mais marcantes do evento.

Um momento determinante para construir isso é a despedida do evento. Uma estratégia é dar uma surpresinha que provoque no convidado a seguinte reação: "Que legal! Eu não esperava ganhar isso!". No futuro, esse mimo provocará sentimentos de nostalgia. Mas é preciso fugir do óbvio. Por exemplo, quase todo mundo dá chinelo como brinde em festa de casamento ou distribui um kit ressaca no fim da festa. Lembra-se do "tudo combina com tudo"? Essa lembrancinha tem que representar um "Obrigado por você ter vindo hoje!", ajudar a reverberar a mensagem do evento e gravar na memória as várias experiências bacanas vividas. Precisa ser algo que enfatize o cunho memorável daquela jornada.

Certa vez, abri a minha palestra dizendo: "Quem ficar até o fim vai ganhar o certificado de que, a partir de agora, é uma pessoa que sabe promover experiências UAU". Criei uma expectativa para depois da minha despedida e vi muitas pessoas aguardando ansiosas o que aconteceria. Entreguei a cada uma o "certificado", que era do tamanho de um cartão de visitas, com a mensagem na frente: "A magia está em proporcionar o UAU". Esse UAU era um pin personalizado.

Quando a pessoa virava o cartão, lia: "E agora você também tem o poder de promover o UAU na vida das pessoas". O pin era um presente físico, mas passou a ter um sentido maior por causa do carinho contido na mensagem, que dava a ele um significado, um UAU. Quem ficou até o fim da palestra saiu dela satisfeito, e eu mais ainda, por ter realizado algo com propósito (e de propósito) do início até a despedida. Muitos já colocaram o pin na cordinha do crachá, outros na mochila que estavam usando.

O que eu provoquei? Criei uma experiência: toda vez que o convidado visse o pin, as fotos ou os vídeos que recebeu depois da palestra, ele reviveria o evento com boas lembranças. O meu desejo seria que ele tivesse o seguinte sentimento: "Gostei desse cara. Ele prometeu e promoveu o UAU!", antecipando um "Quando será que ele vai palestrar de novo?" e "Quero ler o livro que ele disse que vai lançar".

Outro bom exemplo foi a maneira como encerramos com chave de ouro o evento "Convenção Lopes, 2024 do tamanho dos seus sonhos!". A ideia desse cliente era que os corretores de imóveis dele sonhassem alto e se responsabilizassem por colocar os próprios sonhos em prática, pois isso só dependia deles. Como apoio, criamos dinâmicas para que eles escrevessem em uma folha os próprios sonhos e, em seguida, fizessem um avião de papel e o arremessassem para voar para bem longe, simulando que aquilo que tanto almejavam estava saindo do papel, tomando forma e sendo lançado para o Universo.

Ainda como forma de mostrar aos corretores que eles precisavam ir além, propusemos uma palestra completamente fora do comum, como qualquer grande sonho. Levamos um quarteto de jazz, liderado pelo meu grande amigo Marcelo Coelho, para tocar clássicos da música nacional, como "Garota de Ipanema",[10] seguindo a partitura de Tom Jobim. Para quem não sabe, o jazz não segue

---

10 GAROTA de Ipanema. Tom Jobim, Vinícius de Moraes. *In*: Garota de Ipanema. [S. l.]: CBD/Phillips, 1967. Faixa 7.

exatamente a partitura e a considera apenas um direcionamento. Com essa analogia, mostramos que é possível fazer algo novo e inovador, mantendo o respeito aos parceiros, seguindo uma liderança ativa e tendo espírito coletivo.

A "cereja do bolo" foi a lembrancinha, totalmente "fora da caixinha". Uma semana após o evento, enviamos a todos os corretores uma máscara de dormir. Mas não uma qualquer: ela tinha uma caixinha de som embutida. A tag que a acompanhava levava o seguinte texto: "Você é do tamanho dos seus sonhos, vamos voar juntos!", além de uma playlist de jazz preparada especialmente para reativar na mente deles a lembrança de tudo que viveram naquela convenção.

Mesmo com pouco prazo entre a criação e a realização, dá para criar gatilhos para os convidados se lembrarem do que vivenciaram. Você acha que, depois daquele evento, os corretores vão ouvir jazz como antes? Ou vão associar o ritmo ao brinde e imediatamente recordar o que viveram com a gente? Isso é capricho, isso é UAU. É paixão colocada em cada detalhe da entrega. É a coragem de quebrar paradigmas e fazer daquele momento uma experiência memorável.

O investimento no evento é sempre alto. Então, se você não tiver sistematizado entregas para o pós-evento, principalmente relacionadas à comunicação, tudo que foi realizado pode cair no esquecimento. Vale preparar pílulas de conteúdo que estimulem os convidados a refletirem sobre as lições que podem tirar do evento, como aplicar os aprendizados no dia a dia, ideias para colocar em prática tudo que foi aprendido e por aí vai. Essas pílulas podem ser enviadas por e-mail ou outros canais disponíveis. Tudo deve ser feito para que o pós-evento seja uma fonte de legado para gerar saudade e, com isso, potencializar a mensagem central do projeto.

4. Feche contrato diretamente com todos os fornecedores do evento

Depois de receber a aprovação das soluções, das ações e das atrações do evento, com os respectivos orçamentos preparados, prefira acompanhar pessoalmente a contratação de fornecedores. Por quê? É simples. O seu sucesso depende também da eficiência dos fornecedores. Se eles fazem o contrato diretamente com o cliente, tenderão a querer tratar somente com ele, não com você. O medo de perder o cliente principal, que é o dono do evento, faz os fornecedores considerarem você também um fornecedor ou até mesmo uma ameaça, afinal ele pode perder aquela proximidade com o cliente. Você precisa que todos os envolvidos o reconheçam como o gestor do projeto.

Imagine dizer a um fornecedor que você precisa que determinado material seja entregue na quinta-feira, às 6 da manhã, e ouvir: "Não foi o que defini no contrato com o cliente, então gostaria que você alinhasse isso com ele". Como fica o cronograma se você tem que negociar esse tipo de desentendimento? Fazer essa gestão é determinante para dar velocidade ao projeto no evento atual e em outros eventos que possam demandar o serviço ou produto desse fornecedor.

Valorize o trabalho dos parceiros e tenha-os ao seu lado, para que eles façam com amor e excelência tudo aquilo que você desejar e sigam os seus valores. E, para que nada saia errado, a premissa inegociável é a segurança. Somente depois pense e faça a magia acontecer.

Aqui faço um parêntese à ArcelorMittal. Quando iniciamos nossos trabalhos com eles em 2017, lembro-me com clareza a gestora do nosso contrato, na época Fernanda Valadares, hoje gerente de comunicação e relações institucionais na unidade de Santa

Catarina, a quem sou muito grato até hoje, reforçando o pilar número um da empresa, que é a segurança. Desde então, a segurança passou a fazer parte dos valores inegociáveis da minha empresa e de toda a minha cadeia de fornecedores.

O gestor inteligente não é o dono da razão. Lembre-se: toda inteligência está ancorada em um contexto. Você pode ser um grande produtor, mas quem entende de som é o sonoplasta contratado. Portanto, use a sua especialidade de liderança, faça aquilo que domina e empodere outros profissionais para que somem ao seu melhor e complementem-no, multiplicando o resultado.

Não se esqueça de que o evento é um trabalho totalmente coletivo, de equipe. Você precisa entender isso muito claramente para que tudo flua e aconteça.

O meu objetivo com este livro é fazer você se tornar um grande gestor e inspirador de eventos. E muito disso virá da experiência que você vai ganhando com o seu time de confiança, assim como das parcerias que vai construir com os melhores fornecedores. Para a materialização do evento, ter bons parceiros faz toda a diferença. Tratar os fornecedores como membros do time é uma questão de respeito com as pessoas envolvidas em concretizar o que nós projetamos.

5. Atente-se a questões de ESG

Eis um ponto que merece muita consideração na realização de eventos: buscar alinhamento com os conceitos relativos aos aspectos ambientais, sociais e de governança (ESG). Para isso, vale aplicar boas práticas, como evitar o uso de copos plásticos descartáveis e optar por outros materiais, como papel ou madeira, que se decompõem mais rápido, ter placas próximas a torneiras e descargas solicitando o uso consciente da água, separar o lixo seco do lixo úmido, tomando o cuidado de produzir o mínimo possível de resíduos. No paisagismo, usar itens plantados, que podem ser reutilizados em outros eventos. Na Liga, buscamos ainda dar destinação sustentável aos materiais usados na decoração, por exemplo, tendo fornecedores que encaminham as lonas para a confecção de bolsas e ecobags.

Em uma das edições do Rock in Rio, uma ação bacana de sustentabilidade da Heineken em parceria com a Braskem e a Natura se destacou. Os copos plásticos usados pelo público foram recolhidos e reprocessados pela Braskem para a produção de embalagens recicladas que foram usadas nos produtos da Natura. A solução foi muito interessante, conta uma boa história e mostra o cuidado das marcas com o meio ambiente.

Na questão de diversidade, equidade e inclusão (DEI), você deve, antes de qualquer ação, montar um time diverso, inclusivo e complementar. Isso fará toda a diferença nas suas entregas, demonstrando um olhar atento para ir muito além da inclusão de intérprete de Língua Brasileira de Sinais (Libras) no evento. É preciso verificar se, entre os convidados, existem pessoas com deficiências ou com alguma restrição alimentar, por exemplo, tomando o cuidado de oferecer opções vegetarianas e veganas. Com isso, você mantém o foco na experiência e em como pode acolher melhor as pessoas. Você pode pedir isso na confirmação de presença, por meio de um formulário. Em suma, é fundamental mapear toda a jornada do evento e trazer para o protagonismo a acessibilidade nos ambientes, de modo que todos tenham acesso à mesma experiência.

O que no passado era um diferencial competitivo hoje é uma preocupação e até mesmo uma obrigação, e não apenas das grandes marcas, mas de toda a cadeia. As premissas de ESG devem estar presentes na materialização de ações, até porque, mesmo não sendo esse o objetivo, também pode gerar mídia espontânea. O mais importante é ter a consciência de fazer a sua parte, considerando que os eventos são uma excelente vitrine para dar bons exemplos. Portanto, o ESG não pode ser visto como um dificultador nem como um custo, e sim como uma oportunidade e um investimento que agrega valor, aliando sempre o respeito ao ambiente e o bem-estar da sociedade à sua marca e à marca do seu cliente.

6. Monte um cronograma reverso de execução do evento

Como você já deve ter percebido, a materialização de um evento envolve muitos detalhes, por isso é fundamental ter uma ferramenta de gestão. Em eventos, só existe uma certeza: o grande dia vai chegar.

Na Liga, criamos o hábito de fazer o cronograma reverso, que nada mais é do que pensar o evento de trás para a frente, tendo como referencial a data da realização dele, assinalando todas as etapas a serem cumpridas até o grande dia, de modo regressivo. Estipulamos os prazos de cada fase e as pessoas envolvidas nelas. Nesse cronograma, colocamos também as ações pós-evento.

7. Toques finais que reforçam a magia da experiência memorável

Se você teve o cuidado de seguir à risca os seis passos que apresentei, entendendo profundamente os objetivos, as dores, os desejos e os sentimentos que o seu cliente deseja provocar, fica muito mais fácil obter o UAU dele e dos públicos envolvidos. Afinal, esse é sempre o nosso maior objetivo.

Um dos segredos da Fábrica de UAU é entregar mais do que está no contrato. Isso faz toda a diferença. Ter uma equipe empática, proativa e disposta a encantar eleva absurdamente o nível de satisfação!

Para isso, a dica final deste capítulo é que você tenha guardada na manga sempre alguma surpresa para o *grand finale* do seu projeto, aquela que reforçará a aura de um evento verdadeiramente memorável. Essa experiência tem que acontecer na reta final, quando ninguém esperar que vai acontecer algo diferente. Essa última experiência, inesperada – que não precisava existir, mas você faz questão de oferecer –, impulsionará a bem-vinda saudade do evento, aquela nostalgia gostosa.

É como uma sobremesa com dedicatória personalizada ou um brinde que retrata tudo aquilo que o convidado viveu no evento. Isso tudo sem jamais se esquecer de escolher algo que reforce o conceito do evento e as aspirações de quem receberá o mimo. Assim, entre tantas coisas que a pessoa viveu ali, essa entrega derradeira entrará para a seleta galeria de experiências memoráveis.

Amamos ser tratados como reis e rainhas. Pense nesse "bônus" em duas frentes: na sua despedida do cliente corporativo e na despedida dele em relação ao público do evento. Para o primeiro caso, aqui na Liga promovemos uma ação chamada "Família Real", que consiste em dar ao cliente um mimo em agradecimento pela confiança e pela jornada de trabalho, que muitas vezes costuma ser desgastante.

Por exemplo, damos um voucher de uma sessão de relaxamento para a equipe do cliente que atuou diretamente no projeto, aquelas pessoas que estiveram conosco no processo para que o projeto terminasse em um grande UAU. Para o convidado do evento (cliente final), damos uma lembrança, alguma gentileza da equipe, como colocar uma mensagem no para-brisa de cada carro guardado no estacionamento do espaço do evento.

Junto a todos esses sete pontos-chave da materialização do evento não pode faltar o capricho, em doses sempre muito generosas. Não me canso de dizer que, para promover o UAU, seja qual for a sua área, é necessário ter muito capricho, amor pelo próximo e entendimento do motivo de aquele cliente apresentar aquela demanda, bem como o que ela representa para ele e para o negócio que ele está gerindo. É entregar a mais do que foi combinado e do que está em contrato. É não medir esforços para manter o encantamento sempre em alta. Há sonhos, esforços, dinheiro, dedicação e, principalmente, o desejo de materializar histórias emocionantes que jamais serão esquecidas.

Aqui faço um parêntese de três pessoas que me ensinaram muito sobre capricho e nem são da área de eventos: o amigo Gustavo Knupp, Eurípedes Pedrinha e o Claudemir Oliveira. Os três são especialistas no quesito capricho não apenas em suas áreas, mas principalmente na vida. O primeiro é um alto executivo do Sistema Unimed, o segundo do Sebrae e o terceiro é a uma das maiores autoridades do mundo quando o assunto é Disney.

Então, por que não aproveitar para utilizar a experiência de marketing e fazer, com capricho, aquilo com o que a gente deseja que o público se emocione e que guarde na memória? É nesse momento que deixamos de ser meros organizadores de eventos para nos transformarmos em facilitadores de conexões e em criadores de experiências memoráveis. Somos os cupidos dos nossos clientes com os seus clientes. E com muito orgulho!

O segredo de uma materialização UAU não está apenas nas atrações, mas também no repertório e na ordem dessas atrações, que devem contar uma história.

FANTÁSTICA FÁBRICA DE UAU
@bragamkt

capítulo 8

A importância de criar laços duradouros e despertar emoções

Agora que você conhece o método Fábrica de UAU, tenha certeza do seguinte: estão nas suas mãos todas as premissas para despertar emoções e criar laços duradouros em eventos que colocam muito UAU na vida das pessoas impactadas por eles. Tenha em mente que a "cereja do bolo" são as experiências cheias de magia que você proporciona na jornada, em perfeita sintonia com um conceito capaz de tornar aquele momento memorável.

Não espere mais para se conectar com o UAU em cada chance que tiver. Use e abuse das ferramentas que recebeu até aqui e transforme-as no seu canivete suíço, com aquela aura de item multifuncional. Levante-se pela manhã já se perguntando: "Qual será o meu momento UAU de hoje?". Acredite que você sempre pode transformar um evento comum em algo especial e colha essa energia extra e potente para inspirar pessoas e materializar ações e dinâmicas que quebrem qualquer rotina, desafiem a obviedade e surpreendam mais e mais.

A vida é um verdadeiro UAU! E todo dia é um dia em potencial para ser ainda mais UAU. Basta que você treine o seu olhar e tenha a certeza de que é possível fazer a diferença. Método você já tem.

Ampliando o seu repertório de experiências emocionantes

Como incentivo final para colocar mais UAU na sua vida, pense em coisas que mobilizam você.

Eu amo Carnaval e aproveitei todas as oportunidades de ser feliz nesse evento tão nosso. Penso agora especialmente em dois anos: 2006, quando fui para Salvador, ainda solteiro e ávido por novidades; e 2012, quando voltei para lá, já casado e apaixonado. Foram momentos memoráveis. Na primeira vez, me uni a uma multidão de foliões para vivenciar a energia da música pulsante, uma cultura riquíssima, a alegria que não dorme. Na segunda vez, a minha esposa e eu subimos no trio elétrico, vibramos nos blocos dos nossos artistas favoritos, fomos a camarotes, fizemos selfies no Farol e tudo o mais a que tínhamos direito. Até o fato de perdermos a carteira rendeu história, pois fizemos uma amizade que dura até hoje com o taxista. O nosso último Carnaval marcante foi com os nossos filhos e amigos de Carangola, em 2021, durante a pandemia, em Guarapari. Vivemos dias maravilhosos, dado todo o contexto que estávamos vivendo.

Posso apostar que, ao contar sobre os meus carnavais inesquecíveis, fiz você se lembrar de alguma experiência que, na sua perspectiva, foi fora do normal, espetacular. Também sei que, se o Carnaval da sua vida não foi em 2006, 2012 ou 2021, como os meus, provavelmente você não deve fazer a menor ideia de onde estava e com quem estava. Isso acontece também quando você tem dificuldade para se lembrar de onde almoçou na segunda-feira passada, a menos que aquela experiência (a comida, a companhia, o motivo, o ambiente…) tenha superado a sua expectativa.

Essa é mais uma prova de que a experiência não tem o objetivo de deixar (apenas) o seu evento mais bonitinho, engraçadinho ou instagramável. A função dela no marketing é clara. E agora você sabe como transmitir uma mensagem impactante, de maneira leve, diferente, inovadora, que faça as pessoas nunca esquecerem o que vivenciaram com aquela marca.

Prepare-se para cativar pessoas com o seu talento e as técnicas que aprendeu sobre o poder das experiências ao vivo. Só elas conseguem utilizar os cinco sentidos para criar um sexto, que é o sentir; e a emoção, como você já descobriu, é a memória do coração.

A equação é simples: quanto mais emoção, mais experiência; quanto mais experiência, mais memorável!

A potência de se conectar ao seu propósito e de propósito

Desejo que você pratique o método Fábrica de UAU e comprove a potência que é realizar eventos UAU tendo essa equação como base de tudo. Eu conheço bem a sensação, porque experimentei essa virada de chave na minha vida. Admito que, durante muito tempo, achei que esse negócio de missão, visão e valores era lorota, coisa boba. Quando fiz pós-graduação em Marketing na FGV, via na missão das empresas aquela lista de palavras nobres, como qualidade e honestidade, coisas que considero intrínsecas, básicas, e não enxergava tanto valor naquilo.

Ao construir a metodologia da Liga de Marketing, consegui materializar o propósito dela e tangibilizar o que verdadeiramente significava produzir momentos memoráveis. Sei da importância de cada um dos nossos sete valores inegociáveis (parceria, criatividade, leveza, inquietude, segurança, inovação e resultado) e vejo como eles dão mais clareza às nossas entregas. Consigo enxergar a essência do Marcelo em tudo isso. Eu não me contento com nota 8, 9 ou 10.

Não fico satisfeito se não entregar algo a mais, se não puder efetivamente surpreender. Todos têm a obrigação de entregar o 10, porque isso não é mérito, é básico. Eu quero sempre ir além, chegar ao topo e tirar a nota UAU, que é a 11.

Costumo dizer que evento é como escola de samba. A gente já espera tirar 10 em tudo, mas aí vem aquela famosa frase e diz: Harmonia e Evolução, 9.9! Por isso, precisamos entregar o algo a mais justamente para superar os imprevistos que podem ocorrer em nossas entregas.

Tudo que eu faço hoje não é pelo dinheiro, pois entendo com clareza que ele é consequência. O meu movimento está muito mais ligado a ser um vetor de transformação daquilo em que acredito. Se eu pudesse nascer de novo e recomeçar uma profissão, faria exatamente o que faço. Eu amo a minha profissão. Ela é o meu Ikigai, aquela ferramenta japonesa de autoconhecimento em forma de mandala que aborda diversos aspectos da vida pessoal e profissional, cujo nome significa "ter uma vida em harmonia com os seus desejos e as suas expectativas", ou, resumidamente, "uma razão para ser".[11]

Ikigai, para mim, é isto: conseguir compreender a razão da minha existência. É o que eu busco realizar profissionalmente. Acredito muito que, por meio dos eventos, posso ajudar mais pessoas a encontrarem os próprios propósitos, já que os meus eventos, todos eles, têm que ter propósito.

Faço parte da diretoria do Sindicato de Empresas de Promoção, Organização e Montagem de Feiras, Congressos e Eventos

---

[11] Como a mandala Ikigai ajuda a encontrar o trabalho ideal? **Educa Mais Brasil**, 9 jan. 2023. Disponível em: https://www.educamaisbrasil.com.br/educacao/carreira/como-a-mandala-ikigai-ajuda-a-encontrar-o-trabalho-ideal. Acesso em: 6 ago. 2024.

(Sindiprom), ligado à Federação do Comércio de Bens, Serviços e Turismo do Espírito Santo, a Fecomércio-ES. Contando com essas conexões, pedimos ao Serviço Nacional de Aprendizagem Comercial (Senac) que desse uma atenção à necessidade de formação de profissionais de eventos, pois a carência no mercado é grande. Também me coloquei à disposição, tanto que fiz questão de ter sido o primeiro professor da primeira turma.

Na primeira aula, mostrei o valor e a beleza que há no propósito de ser um realizador de eventos. Muito mais do que ter o diploma, os alunos precisavam estar dispostos a aprender e a amar essa profissão. Por isso, dei um choque de realidade neles, mostrando os desafios e as dificuldades que as redes sociais não mostram: as noites de sono perdidas, os fins de semana de trabalho, a angústia de querer entregar o melhor, a resiliência de lidar com os imprevistos e a responsabilidade de fazer uma grande entrega.

Olhei nos olhos de cada um dos alunos e disse: "Se esse não é o seu interesse maior, você está perdendo tempo. Procurem o que vocês amam, porque aqui eu só quero ver quem é apaixonado por evento ou deseja ser. Eu quero provar que esse é disparadamente o vetor de marketing mais potente que existe para conectar pessoas, fortalecer marcas e promover transformações. E isso é muito importante para mover a sociedade. As pessoas estão carentes de atenção, de carinho; elas querem ser surpreendidas, sentir emoções, principalmente de felicidade, ser arrebatadas por momentos memoráveis".

Muita gente não está feliz porque falta espiritualidade, falta propósito. Eu já ouvi falar que há dois momentos decisivos na vida: quando a gente nasce e quando entende por que nasceu. Essa consciência faz toda a diferença, e é o que eu tenho construído com a minha equipe. Aqueles que não se adequam ao "jeito Liga de fazer eventos" não ficam. Sabe por quê? Porque não há lugar para quem não tem a mesma paixão e o mesmo propósito de proporcionar momentos memoráveis às pessoas.

Para fazer eventos memoráveis, há uma premissa óbvia: você precisa amar o ser humano.

Eu não permito que alguém saia da minha vida sem ter vivido uma transformação. O meu maior desejo é que as pessoas produzam eventos que superem as expectativas: delas, dos clientes e dos públicos envolvidos. Para isso, no briefing, na criação do conceito e do desdobramento dele, na definição das ações e em toda a adrenalina de materializar o projeto, até respirar com alívio no pós-evento, as pessoas devem ser francas consigo mesmas ao refletir:

- Estou fazendo algo UAU?
- Estou em busca da minha conveniência ou da conveniência do meu cliente?
- Estou provocando transformação em quem está ao meu redor?

A satisfação de transformar com magia e amor

A cada evento que produzo, a cada entrega, a maior recompensa é reconhecer alguma transformação estampada no rosto das pessoas, nas falas, nos abraços, nos gestos e no que elas repercutem depois. Eu as vejo aprendendo, conquistando, vendendo, crescendo, vibrando, se divertindo, e tudo passa a fazer mais sentido, ficando mais bonito e gratificante. Vibro muito quando elas saem radiantes da jornada, afirmando: "Este projeto transformou a minha vida".

Não por acaso, eu me emociono toda vez que vejo a foto da minha infância, segurando um milho e com um monte de espigas ao redor, que mencionei no Capítulo 6. Ela foi tirada em Carangola (MG) pelo meu falecido pai, que amava fotografia, na roça da família da minha falecida mãe, e ilustra um aspecto muito legal da minha trajetória de realizador de eventos UAU. Eu olho para aquela foto, para aquela criança de 6 anos, desde pequena com uma inquietude, a ponto de ter cortado o cabelo escondida, e analiso que o que me fez sair do interior de Minas, aos 14 anos, e estar aqui foram o sonho e a determinação de fazer a diferença na vida das pessoas. E esse é o meu maior indicador de sucesso.

Aqui registro alguns amigos, como Fabrício Fonseca e Gustavo Knupp, que, ao longo de suas carreiras, foram minha fonte de inspiração e de legado. Nos momentos mais difíceis, eu os olhava, conversava e sentia neles a garra de realizar e de fazer as transformações que precisam ser feitas. O foco, a resiliência e seus valores de família é que davam a centralidade necessária para tudo isso. Fica aqui a minha gratidão.

Sonhar e ter determinação me levaram a criar uma metodologia de trabalho que me impulsionou a uma conquista pessoal marcante, que é o apartamento onde moro hoje com a minha família. Contei no Capítulo 4 que, por causa da pandemia de covid-19, precisei colocar o apartamento como garantia de um empréstimo para investir na Liga de Marketing e na sistematização do método Fábrica de UAU. Pela janela, em vez de me lamentar, eu mirava a construção de um condomínio residencial de alto padrão do outro lado da rua. Mesmo sem ter qualquer perspectiva de futuro, jamais deixei de sonhar e determinar: "Quando esse prédio estiver pronto, eu vou morar lá".

Com a minha metodologia, vi os negócios melhorarem. O que jamais imaginei é que isso fosse acontecer de modo tão rápido. Exatos dois anos depois, com muitos esforços meus e da minha esposa, somados à energia dos nossos filhos, ao engajamento de um time sensacional da Liga, à parceria e à confiança de clientes e fornecedores, veio a recompensa. Eu não apenas consegui saldar o financiamento como também me mudei para o apartamento dos sonhos, que é a coisa mais linda do mundo, dentro da nossa realidade. Constantemente vou à janela só para olhar o nosso antigo prédio e ser muito grato por todos que contribuíram para que isso pudesse se tornar realidade.

Sigo sonhando, determinado a expandir os negócios e a conquistar todo o Brasil como um fabricante incansável de UAU. Não paro enquanto o cliente não disser: "Esse evento ficou fantástico, ficou lindo!". Quando ele verbaliza isso, eu me empolgo e quero entregar ainda mais do que o combinado, para surpreendê-lo mais e mais. É viciante, porque desejo que as pessoas saiam dali completamente encantadas com tudo o que viveram. Quero que os meus colaboradores comentem: "Você foi capaz, com seu jeitinho, de mudar a vida de todas as pessoas que estavam ali".

Foco, dedicação e capricho não podem faltar. Se estamos em um evento, temos que dar o nosso máximo e ter compromisso com a excelência. Já imaginou, na Disney, a princesa Elsa ou o Mickey dizendo que não estão em um bom dia e que vão ali fumar um cigarro e já voltam? Eles não saem do personagem enquanto estão fazendo aquilo que se propõem a fazer.

Ser UAU é ir ao limite, é dar o seu máximo. É entender que aqueles convidados estão ali, é porque têm o desejo de ver a própria vida transformada. Por isso, o último e definitivo diferencial de um evento UAU é este: fazer tudo com muita força, com muito amor, com muita paixão!

As pessoas estão carentes de atenção, de carinho; elas querem ser surpreendidas, sentir emoções, principalmente de felicidade, ser arrebatadas por momentos memoráveis.

FANTÁSTICA FÁBRICA DE UAU
@bragamkt

capítulo 9

Inspire o mundo com a sua história

Acredito que todos nós somos capazes de surpreender, principalmente a nós mesmos. Por isso, sinto uma alegria enorme ao contribuir para que você também seja um criador de experiências memoráveis e esteja apto a entregar capricho e UAU em tudo o que quiser fazer. Não importa a verba, nem o tamanho do evento, porque vale muito mais a verdade da mensagem, com doses generosas de amor adicionadas a cada entrega.

Está em suas mãos um conteúdo prático relacionado à realização de eventos, para promover uma metodologia com poder de inspirar mais pessoas a entrarem no universo da Fantástica Fábrica de UAU. Com este livro, espero ter me tornado responsável por cativar profissionais interessados em colocar UAU em todas as ações que realizarem. Lembrando: não realizamos nada sozinhos; precisamos cativar também quem caminha conosco nessa jornada, trabalhando pelo resultado surpreendente e mágico.

A magia pode, e deve, estar por toda a parte, não só nos eventos que você produzir, mas também em toda oportunidade do dia a dia: dando um sorriso e um aceno a um grupo de crianças; com uma gentileza no trânsito; com um mimo de agradecimento pela dedicação de um funcionário. Ser UAU é ser humano, é pensar em encantar nos detalhes, para que a vontade de elogiar saia do íntimo e ecoe como um belo UAAAAU!

Pequenas coisas, sentidas do início ao fim, constroem um rico repertório de memórias que fazem parte da história de cada um. Conecte-se genuinamente com a sua história e veja quanto UAU ela contém. Melhor ainda é saber o jeito certo de contá-la.

Em um curso recente que ministrei, convidei os alunos a narrarem as próprias histórias de vida. Ouvi histórias lindas, mas que foram contadas de modo linear, superficial e com pouca emoção. Quando comecei a recontá-las utilizando técnicas de *storytelling* e a minha empolgação, todos fizeram cara de interrogação, provavelmente querendo perguntar: "Como você conseguiu contar a minha história melhor do que eu?".

Sugeri, para quem não dominava técnicas de contação de histórias, que experimentassem colocar aquela narrativa no ChatGPT e pedir à inteligência artificial para reescrevê-la nos padrões de *storytelling*. Sugeri que, no fim do texto, acrescentassem os sonhos que tinham e a afirmação de que vão alcançar tudo aquilo que desejam. As pessoas choraram com o resultado.

Aprenda o passo a passo de como fazer isso escaneando o QR Code ao lado.

188 **Fantástica fábrica de UAU**

Topa fazer essa experiência também? Se a sua história não estiver do tamanho dos seus desejos, reescreva-a até que ela fique à altura dos seus mais ambiciosos sonhos. Como falei, o jeito de contar a história muda o impacto do resultado. Quando você encontra o seu propósito de vida, tudo se torna mais fácil. É como escrever uma redação com tema. Você não vai mais fazer coisas aleatórias ou mornas nem dizer "sim" ao que gostaria de dizer "não".

Você tem uma razão de existir, que impulsiona a sua cabeça e o seu coração na direção de um sucesso do qual se orgulhe. Desejo que você reconte a sua história lindamente e que os seus novos capítulos sejam UAU. Deixe como legado tudo que só um realizador de momentos memoráveis consegue alcançar.

Seja bem-vindo ao time. Seja bem-vindo ao seu próprio UAU!

Seja bem-vindo ao time.

Seja bem-vindo ao seu próprio UAU!

FANTÁSTICA FÁBRICA DE UAU
@bragamkt

Este livro foi impresso pela gráfica Plena Print em papel lux cream 70g em fevereiro de 2025.